Richard Goerke

Die Sprache des Raoul de Cambrai

eine Lautuntersuchung

Richard Goerke

Die Sprache des Raoul de Cambrai
eine Lautuntersuchung

ISBN/EAN: 9783744610582

Hergestellt in Europa, USA, Kanada, Australien, Japan

Cover: Foto ©ninafisch / pixelio.de

Weitere Bücher finden Sie auf **www.hansebooks.com**

Die Sprache des Raoul de Cambrai,

eine Lautuntersuchung.

Inaugural-Dissertation

zur

Erlangung der Doktorwürde der philosophischen Fakultät

der Christian-Albrechts-Universität zu Kiel

vorgelegt von

Richard Goerke

aus Gr. Bandtken.

Kiel.

Druck von H. Fiencke.

1887.

Imprimatur

Professor Dr. **Blass,**
z. Z. Dekan.

Meinen lieben Eltern
und meinem lieben Onkel
ERNST GOERKE

in Dankbarkeit

gewidmet.

Das altfranzösische Epos Raoul de Cambrai ist eins der wenigen, die sich eng an ein historisches Faktum anschliessen. Eine ausführliche Darstellung der historischen Grundlage finden. wir in der Einleitung der letzten Ausgabe des Gedichts. Diese wurde von P. Meyer und A. Longnon nach einer schon zu einer früheren Ausgabe (von Le Glay, Paris 1840) benutzten Handschrift besorgt.[1]) Die Handschrift befindet sich auf der Bibliotèque nat., du fonds fr. No. 2493. Ausserdem lag den letzten Herausgebern noch ein Auszug (von 250 Versen) aus einer verlornen Handschrift vor (Einl. s. III). Nach der Beschreibung jener einzigen vorhandenen Hs. (s. LXXVI) ist unser Gedicht in einem kleinen Pergamentbande überliefert und zerfällt der Schrift nach in 2 Teile. Ein zweiter Copist nämlich führte die Arbeit des ersten zu Ende (von v. 6250 an) und ergänzte das erste Blatt (v. 1—57). Doch auch in seiner ursprünglichen Gestalt bildete das Gedicht 2 Teile, einen gereimten (v. 1—5555) und einen assonierenden (v. 5556 bis zu Ende), beide rühren, wie es auch die Sprache zeigt, von verschiedenen Verfassern her. Zu der Sprache der Verfasser geben die Herausgeber (seite LXIV bis LXXVI) eine kurze Uebersicht über die Reime und Laute und weisen dem ersten Verfasser (s. LXX) den Nordosten Frankreichs als Heimat an, dem zweiten (s. LXXVI) die Gegend, welche an den nordöstlichen Teil von Ile-de-France grenzt. Ebenso wird die Sprache der Copisten (s. LXXVI—XCI) nur in ihren Hauptzügen angegeben und ihre Mundart als die der nördlichen Champagne bezeichnet. Nirgends werden diese Urteile durch Belege genauer begründet, auch wird nicht eine genauere Localisirung der Dialecte (von Verfasser und Copisten) versucht. Diesen

---

[1]) Erschienen als 16. Band der Société des anciens textes, Paris 1882.

fehlenden Teil der sonst mustergültigen Ausgabe zu ersetzen, soll der Zweck meiner Arbeit sein. Ich verbinde damit eine detaillirte Darstellung der Lautverhältnisse in der Sprache der Verfasser und Copisten. hebe aber, wenn irgend möglich, nur das vom francischen Dialekt Verschiedene hervor. Hierbei haben mir die Arbeiten von F. Apfelstedt (Lothringer Psalter) und von W. Foerster (Lyoner Yzopet) als Muster gedient.

I. Sprachliche Untersuchung.

A. Lautliche Erscheinungen.

I. Im Vocalismus.

Vlglat. a (kl. lat. ā, ă).

Dasselbe wird in offener Silbe immer zu e.

1. Die Infinitivendung der 1. Conj., are = er, bei beiden Verfassern und Copisten.

2. Die Participialendung -atus und Endungssuffix -atus geben bei beiden Verfassern es (oder ez). Der erste Copist schreibt dafür sehr oft eiz (oder eis): sereiz 605, fauseiz 617, penseiz 877, 4893, delivreis 898, aveiz 524, 897, 2206, 2310, 3699, 3753, 4140, 5082, 5438, 5807, 6190, aseiz(s) 1793, 1831, 2143, 2740, 4925, 5178, pevreis 1560, beveiz 1104, saveiz 1830, reteneis 1885, leiz 1894, 2365, fereis 2771, preneis 2213, desarmeis 2337, areis 2448, vivreiz 5155, agreveiz 5156, deveiz 5439, — preiz 606. Der zweite Cop. es. —

4. Suffix — ata giebt immer ee.

5. Die Endung der 3. plur. Perf· der 1. schw. Conjug. erscheint bei Verfassern und Copisten als erent.

6. Lat. mater, pater, frater heissen immer mere, pere, frere.

7. Die Worte, deren e vor Doppelkonsonanz steht und Neufranz. offen ist, haben auch beim ersten Cop. immer e. Als alleinige Ausnahme beim ersten Cop.: remeist 520, 1227, 2991, 3483, 5174 (remeise 1889).

8. a ist erhalten in den bekannten einsilbigen Wörtern, so hat der erste Verf. va 157, ja 169, 2420, la 2423, 2881, ça 3418. Fast alle diese Worte werden von ihm auch mit ai geschrieben: cf. § 18. Für den zweiten Verf. lassen sich diese Worte nicht belegen. Die beiden Copisten schreiben sie immer mit a. Gemeinfrz. ist der Gebrauch des vait neben va; der erste

1*

Copist braucht ebenso oft va als vait; der zweite va nur zweimal (7353, 8216) dagegen vait 15 mal.

9. a vor l wird zu e; es kommt unter Reimen im 1. Teil nicht vor; der Copist hat es häufig: tex 938, 1186, 1210, 1596, 2041, 2455 etc., ostex 955, 2080, 5445, mortel 4830, 6078, mortex 3872, charnel 1626 (5834), (auch charnal 4519). Eine gemeinfrz. Ausnahme machen communax 1331, loiaument 2195, 2653, 4269, roiax 5430, einmal bauliant 511 (vgl. Foerster anmerk; zu v. 2483 des Rich. le Bel). Beim zweiten Verf. dieses e in e = Assonanzen: autel (durch Suffixvertauschung aus altare) 6676, 8224, el (alum st. aliud) 8062, ostel 7661, charnes 7802, mortes 6650, tel 6656, 8019. Beim Copisten: tex 26, 43, 6748, 6788, 8233, tes 8248 etc., charnel 5834, 7576, 8258, daneben auch charnal 7853, hier wie auch beim ersten Cop. ist es Subst.

10. J-Element + a in offener Silbe = ie. Die Beispiele sind sehr zahlreich; ich erwähne nur die 1. od. 2. plur. des Imperf. Indic., des Condition. und des Impf. Conj., alle lauten auf iens aus; der erste Verfasser kennt auch ions: 3949. Beispiele für -iens, -ies in B § 6 und in C 5.

-ien cf. § 14. — Analogische Bildungen sind beim ersten Verfasser die bekannten: amistié 1703, 3040, 4021 (neben amistez 4356) pitié 3031, 4959 (neben pitez 5180, d. Ms. hat pitié), irier 2836, 2932, 4704 (neben irer 548; 598, 3745) aïrier 1632, 1858 etc. (neben aïrée 2972, 2988; 5168). — • Beim zweiten: amistié 5623, 5648, 5677 etc. (neben amistés 8070, 8210, pité 8697) devisier 7191 (neben deviser 6614, 6966) irié 6901, 6924, 7296 (neben irés 6886, 8077). Alle diese ie reimen mit dem aus ę entstandenen (§ 23). — Auffällig ist, dass sich unter diesen Reimen Worte wie detrier 3732 u. oblié 3037 finden, da sie sonst nur mit ę reimen (oublier: er 3584; oublié: é 1582, 3753, 4093, 4321, 4940). Der zweite Copist lässt das schon vorhandene i noch ein i erzeugen und macht dies auch durch die Schrift kenntlich: espiier 7383, humiliier 7386, merciier 7448, ociies 6923, aviies 7475 (überall ist das erste i auch silbenzählend), ebenso iien § 14. Doch ist er in der Schreibung dieses ii nicht konsequent, sonst hätte er auch delaiier 7473, 7528 etc. und esmaiier 7529 schreiben müssen.

13. a + u od. U = o wie auch sonst im Frz.: o (ab, apud)

font (fakunt), ont (habunt), vont (vadunt), or (hac hora), nebst ore, vois (vado + is) 1227, 2113, 2683 etc. oi (habui) 1109, 1340, 1895, 2798, 3781. 2. Cop. os (= oi + s) 7266 (vgl. pos = poi + s § 42) oi 6589 eine Perfektform, wo der Sinn ein Praesens verlangt. — habuit: ot, einmal out 6196; orent (habuerunt) 6715, soi (sapui) 5864, sot (saput) 2336, 3400, auch sout 815 und seut 3606. — clox (clavus) 511, 588, povre 725, 4144, 4535, 5190. — Die Endung -amus lautet gewöhnlich ons, od. on, doch finden wir auch die sogen, picard Formen (vgl. Ausgabe, s. LXX u. Raynaud, Étude sur le dial. picard in Bibl. de l'Éc. des Ch. B. 37, 345 f.). Beim ersten Verf. alomes 1268, 1291, avonmes 2649; beim zweiten mandomes 5885, aideromes 5888, feronmes 5889, revenromes 5891; avonmes 7094, volonmes 7095.

Auch vor dem Ton: poour 2400, 2627, 2896, 2948, 3045 etc. espoentant (expaventantem) 3504 ocis (*abcisos) 2741, 3058; ocions 2106 etc. — Zweiter Copist 7970, 8384 etc., troe (traucatum 4075, 4432, 4450, estora 164, 168, 2150. — roubez (raubatus) 5479. 5532, beim zweiten Copisten raubet 6674; ebenso saurent (sorent) 7898 u. claure 8589.

14. a + Nasalis giebt ain. Beispiele sind sehr zahlreich: demain 695, premerains 2441, 4857, 4859, vilain 1790, 4654 etc. Hierher gehören auch die Accusative putain (sehr häufig) Evain 2238, antain (v. amita) 3306; 6579 (vgl. zs. III, 566). a + Nasalis vort., bleibt so; amer 569, 3559 etc., ama 471, 528 etc., clamera 2525, reclama 1140, 2595, 3124, remanra 1292, amor 991, 1530 etc. ramu 2870. Ebenso beim zweiten Cop.: amés 7206, ameroie 7769, amor 6764, 6806, 8120 etc.

i + an giebt ien, eigentlich iien. Der erste Copist schreibt christienté 1568, crestienté 6191. Dagegen der zweite fast immer iien, so Juliiens (unter 28 Beispielen eins mit ien: 7823), crestiiens 6908, 6916, 7038, 7690, 7926, 8045, 8089, terriien 7272, crestiienté 7686, 8006, 8091, vgl. § 10.

15. Betontes a in geschlossener Silbe wird von den Copisten einzeln in ai verwandelt, nämlich 1) bei folgender Muta: nur Tieraisse 2030. — Vor dem Ton: aisist 1584, aissit 4699, (doch asient 1921), paission 1060 (passion 2093, 2939, 3186). — Beim zweiten Cop. nur paission 6772, 8243. — 2) Bei folgend. Palatal, vor č, g̈: Im 1. Teil: saige 4400 (im Reim auf aige = aticum),

im 2. saige 7309 (assonierend mit a). Hiernach wäre es zweifelhaft, ob beide Verfasser das ai in saige kannten., nach der späteren Dialektbestimmung beider darf man es ihnen wol zugestehn. Die Copisten wenden es häufig an: vaiche (vacca) 3855, saiche (sapiam) 4776, 5647; saige (*sabium) 2012, 2444, 3545, 3998, 2. Copist 7339, 7553, 8183. — Vor dem Ton Schwanken: saichant 512, 4405, saichies 389, 3263 (sachiés 3100) — saichier (saccare) 2643, 3121, 4019, 4853, 5428 (sachié 2619, 3032, 3625, 5006); baicheler 314, 5804, 5816 (bachelerie 1875), naigier 1636. — Beim zweiten Cop. fand ich dieselben Worte immer mit ai geschrieben, ebenso esraigiet 7866 (welches der erste Copist 3mal, 1086, 4664, 4681 mit ai und 6mal mit a schreibt) aber auch bacheler 7744, 8272, 8573.

16. Suffix—aige (aticum) zeigt beim ersten Cop. Schwanken. Unter den Reimen (Tirade 10, 42, 204) befindet sich keiner, der dieses aige auch dem Verfasser zusichert (vgl. Gött. gel. Anz. 1874, s. 1032 u. Chev. as II espées s. XXXIII). Der Copist kannte auch Formen wie oumaje 900, 1514, froumaje 1187, lignaje 4391, barnaje 4393, 4401, imaje 4390 (diese 4 im Reim auf aige). Es ist wahrscheinlich, dass der Copist kein a und auch kein ai sprach, sondern einen Laut, der zwischen beiden lag: vgl. § a 57. Jean Palsgrave constatiert noch für das 16. Jahrh. die Aussprache aige (cap. VII, reg. quarta) in F. Lütgenau's diss.: J. Palsgrave u. seine Aussprache des Frz., Bonn 1880, s. 7) Unser Copist hat jedenfalls ein dem ä sich näherndes a gesprochen. Die Aussprache ège findet L. Bellanger'(Études hist. et phil. sur la rime fr. s. 181: Lütgenau a. a. O.) noch jetzt in Haut-Maine und in Teilen von Anjou. Auch im Wallonischen soll noch heute ège gesprochen werden (Lütgenau a. a. O. s. 8). — Einen zwischen. a und ai liegenden Laut constatiert in diesem Falle (u. § 57) N. de Wailly in der Sprache Joinville's (Bibl. de l'Éc. des Ch. 6. série bd. 4, s. 385). — Der zweite Copist hat regelmässig aige; dass er auch aige sprach, könnte die Form coraijous 7780 beweisen.

17. —abulam, —abilem geben bei beiden Copisten able: table 4816, 4840, 4848, 4853, 5231, 5625, 5644, diables 2997, 3979, 5401, diablie 1913, II. mirables (im Reim) 7308.

18. Für a schreibt der erste Verf. zuweilen ai (vergl. Jahrb.

VIII, 398) estait 946 Nicolai 2794, 3162, 5039 lai 5018 jai 5035
(im Ms. steht ja, doch der Verf. sprach sicher in Übereinstimmung
mit dem Reim jai). Bei dem ersten Cop.: Braibant 2883, 3685
Braibencons 2459 Baiviere 5046 (Baviere 1325) fraipaille 1064
(frapaille 1071).

19. Umgekehrt erscheint bei dem ersten Cop. sehr oft a für
ai: avera 2656, 3328, donra 6049 etc, j'a 1696, 5035 envoia
2799 laira 1617 volra 3761 etc. sa 5017. — Beim zweiten Cop.
ist dies selten: j'a 6994, partira 7934, vgl. § 16.

20. Alle möglichen Fälle des vortonigen a u. sein Verhalten
in denselben hat erschöpfend behandelt Joh. Ellenbeck in sein.
Diss.: Die Vorton-Vokale in französ. Texten bis z. Ende des zwölften
Jahrh. Strassburg 1884. Ich führe nur noch einige von dem ge-
wöhnlichen Gebrauche abweichenden Fälle an: chaï 678, 2731, 3111,
3342, 3896 (cheï 4469) chaoir 3527. Der erste Copist hat poour
(§ 13), der zweite immer paor 6589, 7914, 8292, 8476. — Durch
c ist ursprünglich a zu i geworden in chivalier 146 (sonst immer
chevalier), ebenso durch g: gisant 2631 etc. hier trat e wieder
ein, wenn in der folgenden Silbe ein i stand, z. B. gesir 333,
3191 und immer. —

Hervorzuheben ist noch gairir 7419 (sonst immer garir)·pairins
16 (der erste Cop. parins 2452, 2519), beim ersten atairgies 2355.
— Ferner wird dieses a vor r zu e, beim ersten Cop. nur in
comperrois 5951, beim zweiten: chergiés 6926, 7046, 7878, 7889
(aber deschargier 7857). Diese Formen, wie auch die vorher
erwähnten gairir, pairins, atairgiés lassen vermuten, dass allen ein
einheitlicher Laut zu Grunde lag. Derselbe war jedenfalls ein dem
e sich näherndes ä. Im Dialekt von Ile-de-France constatirt Metzke,
(in seiner diss.: Die Mundart von Ile-de-France, Breslau 1880,
s. 12) ein ähnliches Verhalten, und Nisard (Étude sur le lang.
pop. au patois de Paris et de sa banlieue, Paris 1872, p. 135)
weist eine e-artige Aussprache des a vor r noch in der heutigen
Pariser Vulgärsprache nach.

20a. Vortonig a ist abgefallen in Puille (Apulia) 3654, 5277.

21. an + Cons. = an. Die beiden ans = Tiraden (114
und 189) enthalten, abgesehn von den schon in der Ausgabe s.
LXV constatirten Unregelmässigkeiten im Wortauslaut, nur Worte
mit an oder solche, die mit an reimen dürfen: dolans 2325, 3919,

3921, sanglans 3941. Die einzige Ausnahme bildet gent 3913.
Die viel zahlreicheren ant-Tiraden zeigen in der Unterscheidung
von an und en eine grosse Inconsequenz. Ausser dolant (44,
517, 905, 920, 3230, 3270, 3509, 4054, 4416), talant (40, 680.
1262, 2684, 4065, 4413) sanglant (698, 2675, 3234), welche regelmässig mit ã assoniren und reimen, findet sich auch gent 1258
hardemant 2407 garnemant 3708 hautement 3718, 5367 Oriant
2687 (Suchier, Reimpredigt s. 69 f.) erranment 47 omnipotent 470.
Tirade 241 besteht zur Hälfte aus ent-Reimen, doch die
meisten von diesen fanden sich schon in den ant-Tiraden. Unter
den ant-Reimen dieser Tirade noch Worte wie parent (5383) au-
tremant 5382. Tir. 226 allein (28 Verse) besteht nur aus Worten
auf ant. Die 4 ance-Tiraden (38, 87, 139, 195), die mit Ausnahme
von sapience 4145 ganz rein sind, können kaum in Betracht
kommen, da es wenig Worte auf ence gab.

Die Herausgeber sagen (s. LXX) hierzu: »Die Endungen an
und en bilden im Princip geschiedene Reime, dennoch muss die
Tonverschiedenheit schwach gewesen sein«. Dieses Urteil ist vielleicht noch mehr zu Gunsten einer Vermischung von an und en
einzuschränken, denn die wenigen ent-Tiraden (3, wenn die Hälfte
von 241 gerechnet wird, gegen 22 ans- und ant-Tir.) enthalten
ausser Worten auf -ment und gent (die auch in den ant-Tir. vor-
kamen) und covenant, esciant, dolent (Suchier, a. a. O.) auch
noch pesans und avant, die in echt picard. und normann, Denkmälern nicht mit ent reimen dürfen.

Während bei dem ersten Verf. die Vermischung von an und
en nur für wahrscheinlich gilt, ist sie bei dem zweiten ganz sicher.
Dies zeigen uns die zahlreichen Assonanzen auf an und en und
die weibliche an-Tirade (310).

Der erste Copist schied an von en, immer mander, estanchier
1603, 5127 etc. langes 4011 espandre 1016, 1607, 2246 etc. mans
(mancus) 2929 (manc) 4821 pan (pannum) 2509, 4688. Eine
Neigung zu en zeigt er im nfr. manger, neben 15maligem mengier
nur 3 mangier und in craventer 2696, 4049, 4092, 4112, 4462,
(von crepantare, s. Suchier a. a. O. s. 71). (Der zweite Copist
cravanté 6642, 8707 etc.) cf. Étude sur le dial. du Ponthieu p.
Raynaud: Bibl. du l'Éc. des Ch. B. 37, s. 34.

Der zweite Copist mischte an und en; d. h. er sprach beides

an: dies zeigen Schreibungen wie mentel 6258, 7356, 8171 conment 7293, 7648, 7716, 7728 conmendement 7649, enfent 7638,
roumens 6988 etc. und § 27 und 36.

21 a. Folgte auf dieses an ein i-haltiger Consonant, so finden
wir bei dem zweiten Cop., auch vor dem Ton, immer ain, so vor
g, ċ, g̣: trainche 7786, 7796, 7851, 7852, 8677 diemainge 7173
frainche 6871. — Vor dem Ton: sainglant 6257 trainchant
6942, 8675; 6921, 6930, 7883, 7911, 8559 etc. maingier 6932,
6936, 7099, 7187, 7253, 7255, 7349, 8360 mainjue(nt) 7349,
8360, (manja 6935) plainchier 6255 Aingelier 8114 chaingiés 7725.
In diese Lauterscheinung wurden natürlich auch die entsprechenden Worte auf en gezogen, so raingier (ahd. hrinc) 7743, 7749,
8610, vaingier (vindicare) 6265, 8545, 8579, 8667, losaingier 6261,
7092, 8133, 8136, chaslaingier (calumniare) 7745, 8581, 8606,
8617, gainchit (ahd. wenkjan) 7790.
Beim ersten Cop. findet sich ausser estrainge 1337 (estrange
411) hiervon keine Spur.

Vulglat ę (kl. lat. ë, ae).

23. Betont und in offener Silbe wird es zu ie. Dieses ie
dessen e anfangs offenen Laut hatte, reimt im ganzen Denkmal
mit ie = I + a. Die Reimworte dieser Art sind sehr zahlreich:
ciel, entier, ier, autrier, derier, arier, sie, pie, fier, espie, (spetum)
1713, 3031 (Im Innern des Verses espieu 510, 2147, 2498, 3026,
5010), (engien 1900, 2862) estrie 4990 (von strĕpum); daraus
estrier 2616, 2818, 2916 etc. II 8413: wegen des r vgl, § 87;
ebenso niers, iers etc. in § 87. — Die sich auch in anderen
Denkmälern findende Scheidung von ert (= erat) und iert (= erit)
ist von beiden Copisten streng durchgeführt: iere 2369, 3100,
4930, zweiter Cop. ieres 7936, iert 642, 744, 1149 etc. zweiter
Cop. 6357, 6382, 6616, 6911 etc. ierent 696; — ere 2279, 2331,
3066, 5942, ert 90, 1590, 1814, 2515, 2929 etc. II 6886, 6977,
erent 5549. — Einmal ert für iert 4970. — Perf. entendié (im
Reim auf ié) 3629 = intendĕdi.

23 a. Eine Ausnahme von der Diphtongirung dieses e machen
bei beiden Copisten die Verba venir und tenir in der 1. p. sg.
Praes. Diese erscheinen als vaing und taing gegenüber den frz.
Formen und denen des Ponthieu (Bibl. de l'Éc. des Ch. 37, s.

344): vieng, tieng (pic. viench und tiench), z. B- devaig 5690 II
je vains 6307, 7329, 7454; taign 2664, 2710, 3988, taig 3256,
taing 668, 743, 1160, 2025, 3840, 4030, 4400, 4607, 5369, 5866,
II 7226. — Die Conjunctivformen schreiben sie daher auch mit
ai, welches vom ersten Cop. auch unter dem Ton wie ę gesprochen
wurde: vaignes 2159, 5624, 5886, daneben vegnent 5391 und
vegniés 5575, einmal sogar die frz. Form viegne 1967. Der
zweite Cop. immer ai: 6264, 6363, 7587, 7744, 8527, vaigniés
6810, 8282.

23 b. ę + u (U) diphtongirt in Diex, welches das gewöhnliche ist, daneben auch sehr oft Deu; — beim zweiten Cop. ausserdem auch noch sehr häufig De, im Reim auf e: 7705, 8053,
8094, 8207, 8692. — Giué (v. Judaeus) 1267 ist gebildet wie
Dé. — Einmal jou (ego, vermittelnde Form jeu) 6311.

24. vlglat. ę in geschlossener Silbe bleibt. Der erste Copist,
der das östliche ei == ę kannte, schreibt einige Male: preis 2872,
la preisse 2889, veist 2136; — hier sei auch gleich erwähnt veiz
1777, das eigentlich ę hat.

25. ëlla giebt ele, vgl. Tir. 49, 47, 86, 172, 181, 216, 253, cf.
§ 34 anm.

26. ellum giebt el (Tir. 135, 214, II 258). Die angeführten
Tiraden enthalten kein èl (= illum); wegen des dort vorkommenden
cenbel (2773, 5864, 5868) vgl. Rom. Forsch. II p. 546 No. 1,
wo cenbel = cymbellum angenommen wird, ital. zimbello.

ell Cons, wird immer iau. Bei den Verf. nicht belegt. Bei den Copisten: Manciaus 300, 532, 649, 710, 5921, viautre 333, viax 646,
684, chastiax 2031, 5501, 5543, 5786, 6144, pommiaus 1272, jo-
venciax 2854, hateriax 4022, damoisiax 1594, 5640, cenbiaus
3880, penonciaus 4323, batiaus 4945, aniax 6167. Gociaumes
(prov. Gaucelm) 753, Miax (Meldi) 787, Antiaume 4209, Aliaume
4484, 4525, 4559 etc. (Aliames 4365), immer biaus, oder wenn
ein anderer Cons. als s auf bel folgt: biau 2027, 3559, 4656, 4711,
5743, 5787, 5853. Schwanken zwischen Diphtongirung und Erhaltung des e zeigt elme, das so geschrieben viel häufiger erscheint
als hiaume, z. B. 483, 581, 1706, 1957, 1989, 2137, 2278, 2695,
3133 etc. im ganzen 34 mal gegen 5maliges hiaume (476, 1834,
2413, 3643, 4027). -- Beim zweiten Cop. fand ich hiaume 10
mal und elme nur 5 mal. — Der zweite Cop. hat noch: Biauvais

16,55 (Biavais 51) Bordiax 8350, Antiaume 8331, biax 6372 etc.
biau (vor Cous.) 7947, 8048, 8486, creniax 8689, chastiax 7935,
mentiax 7356.

26 a, Anders wurde das lat. ill + s behandelt. Dieses ill
ergab zwar ein e, das von dem in geschlossener Silbe stehenden
lat. ĕ verschieden war (vgl. Rom. VII, 122) doch gilt dies nur
für die ältesten Denkmäler bis zum Rolandsliede. Seit dem letzten
Viertel des 11. Jahrh., nimmt man an, fiel jenes e (aus illum) mit
dem e aus ellum zusammen und beide durften mit einander reimen.
Doch das e = ı(ll) scheint (vor dem l) seine frühere Natur
(eines geschloss. e) nicht ganz aufgegeben zu haben. Zu dieser
Vermutung wurde ich durch den Umstand geführt, dass ell + s
immer iaus giebt, dagegen ill Cons. eus, ous und zuweilen auch
aus; bei geschlossener Aussprache gab es eus, etwas offen gespr.
ous und ganz offen: aus ; (vgl. hierzu die Notiz in Rom. Forsch
II p. 547, wonach Koschwitz auf demselben Wege zu demselben
Resultat gelangt ist, z. B. illos: els: 1) ex 64, 2) ox 2946, 3257,
3503, 4026, 5664, oux 940, 2432, 5550, 3) aus 995, 2240, 2810,
3369, 4103, 5750, 5953. — Der zweite Cop. hat durchweg iax
6330, 6509, 6559, 6753, 6892, 7801, 8606, 8641, 8663, er sprach
also dieses e (in el = illum) sehr offen. — cels (ecce illos):
1) kein Beispiel, 2) sox 4163, 5121, 5513, 5541, (cox) 5788, 5887,
6101, 3) ciax 166, 817, 853, 2836, 3214, 4813, 5883, sax 4171.
Der zweite Cop. wieder nur ciax 7893. Auf der 2. Stufe blieb
stehn: chevos (-ox) (capillos) 949, 2635, 4511, 4844. Der zweite
Cop. hat wieder cheviax 7995. Ebenso bei ihm fautre (filtrum)
7161; einige Male dou (del) 7792, 8204 und ou (el) 6950, 7443,
8481.

27. en + Cons. = en oder an beim ersten Verf. Die ent-
Tiraden, deren Zahl im Vergleich zu den ant-Tir. sehr gering ist
(3 gegen 20) liefern, wie schon § 21 gesagt wurde, keinen sicheren
Beweis für die Scheidung des en von an. Der zweite Verf. sprach
en = an, § 22. — Der erste Copist hat vereinzelt an : Oriant
4716 fame 3664 (feme 1668, 3665, 5696, 5724 etc.) tans 1308,
3779, 3896, 4421, 5302, 6078. Ausser diesen wenigen schreibt
er rendre, prendre, pendre, vendre etc. in allen Formen mit en.
Beim zweiten Cop. zeigt sich eine starke Mischung von en mit
an : sanc (= sensus) 6623, 8644, vans 8674, vanter 7673, nan-

ni(l) 7465, 7597, 7947, panre 7372, 7517, entandes 7319, jantil 6521, 6607, 7252, 7296, 7303 etc.

25 a. Dieses en wurde bei den Copisten, wenn es vor g oder ñ stand, zu ain: praing 480, 1662. Der erste Cop. sprach dieses ai schon wie ẹ: pregn 4912; ebenso pregne 144, 2847, 4709, 5798, praigne 5463 (= prendiam). Der zweite Cop. hat praigne 7641.

28. Vortoniges ẹ diphtongirt in viellars 3309, 3434, 3905, 3948, 4219, 4999, II 7994, 8029, 8042, 8105, 8113, 8410, 8507, 8582, 8699; — fierté 4429, zweiter Cop. fieror 7, fierement 2183, 2298, zweiter Cop. 7865, 8670, wo der Laut des Simplex in das Compositum überging, es sind französ. Neubildungen. Der zweite Cop. hat noch entiercier 7166, 7484. — Zu i wurde es reducirt in: estriviere 2923, 5048, 5053, II 8412, desestrivé 4078, grigois 2145. — Mit Ausnahme von entiercier sind diese Fälle alle gemeinfrz. und die Regel ist, dass vortoniges ẹ nicht diphtongirt, also tenant, venu, grevé, se-iés 3679 etc.

29. Vortoniges e wird zu a nur in asaier (= essaier) 3119, 4591, 4224, (essaier 4613, 7771).

29 a. Aphärese des anlautenden e in vesques 84, conses (f. esconses) 7719,

30. Vortoniges e wird durch vorhergehendes j zu i: maïsté 1569. — Zu a in garais (vervactum) 2578 und craventer, (oder cravanter): § 21. Wegen v zu o: provoire 3986. — Durch ein folgendes ċ, ġ wurde e zu i: (beim zweiten Cop.) lichieres (leccator) 7139, licheors 6252, pichié(s) 6589, 7002, 7201, 7204, 7300. 8439, 8552, 8600, ligier 6346, 7744, 8573, haubrigier 6936, herbigier 6297, 7301, 8110, 8125.

Vulglat. ẹ (kl. lat. ē, ĭ (oe).

31. Dieses e wird in offener Silbe nach allgemeiner Regel zu oi. Der erste Verfasser reimt das so entstandene oi mit ọi = u+i: crois 2149 z. B., mit bos 3384, d. h. mit offenem o (cf. 2344). Der zweite Verf. reimt ebenso unbedenklich oi = ẹ mit crois 5768, 6413, 6826, ọi (habui) 6589, vois (vocem) 6822 u. mos (mit ọ: 2374) 5934. — Beim ersten Verfasser findet sich nur die Form feois (= fidelis) 2151, 3389, nie feel oder feal. Ferner sind den Verfassern eigen die 2. p. plur. des Fu-

turs auf ois (neben den analogischen auf ez): orrois 733 tenrois 737 porrois 5513. II avrois 6809, 6821. serois 5940. revenrois 6825. Conj. Praes. aiois 6815. Beispiele für die Endung ez sehr zahlreich: serez 605, verrez 615, 2001. 4332, 4360 etc. orez 4926, 4927 etc. II direz 5823, savrés 7230, orrés 7236, porrés 8050 etc. — Die Copisten zeigen hierin dasselbe Verhalten, der zweite hat noch saichois 6759. — Auffällig ist pox = poils 2314, 2429. — Eine Anzabl Doppelformen zeigt sich bei beiden Verfassern. Von den betonten Pronomen: mē, tē, sē findet sich beim ersten nur soi 5555, beim zweiten moi 5936, 6588, 6593, 6598, 6816, 6820. toi 5942, 5944, 6595. soi 5773, 5946, 6415, 6601, — neben mi 1529, ti 997, II mi 5687, 5710, 6446, 6860, 7040, 7041, 7933, 7946, 8304, 8307; ti 6315, 8309; — tenoir 3834, II 5786, 6610; neben tenir 335, 2254, 2900, 3008, 3014 etc. II 6311, 6436, 6503, 6530, 6537 etc. — veoir 3849, II 5775, 5784, 6808 neben veir 406, 2258, 4563 II 7129, 7955, 8714 — otroi (v. otroiier) findet sich beim ersten Verf. nicht, da keine oi = Tiraden vorhanden, II ostrois 6164, 6814 neben otri 883, 2194, 4592, II 6183, 6463, 6557, 6868 etc.; — soie (sēta) 2067, d. II hat keine weibl. oi-Tiraden, neben sie 5263, II 5567 (siie), 5573 (sie, 3silbig. — Der erste Verf. noch aseïr 4562. — Vgl. pri: proi § 63. — Die Copisten verwenden meistens die franz. Formen, nur einmal beim ersten mi 5769, ferner veïr 1365, 1369, 4310. Hervorzuheben ist oire (iter) 2291, 6035, II 6600. Im Girbert v. Metz 122, oire (3 p. sg. praes. v. errer),

Vor dem Ton Schwanken zwischen oi u. e. Im Hiatus gewöhnlich oi, doch conreer 664, 1356 etc. II 6954 etc. veez (v. veoir) 4967 moneet 8705, etc. Wo die Silbe im Frz. geschlossen ist, steht immer e: verté 389, 663 etc. II 35, 6331, 7196 etc. i zeigt sich in bauliant 511. — Durch Dissimilation wurde e zu i: iretier 70, 450, 1510, II deshiretes 7696 (eritage 894, heritier 7457, herités 8014). —

33. e+n = ain (ein, en) eine picard. Eigentümlichkeit. Für die Verfasser lässt sie sich nicht nachweisen. Bei den Copisten finden wir: mains (minus)2435, avainne 1358 paine 315, 564, 2289, 3121; 4564, 4610 II 8164, (peine 3179) plaine 1601, 2730, 3975, 4981, II 8539 plaignier (plenus + arium) 1933, 2267, 4507, 4765 (plagnier 4815, plegnier 3538, 4831 plenier

5600, frainc 1152, 4073, 4448 demaine (dominium) 1551, Rains (Remi) 786, 1711, 1465, Saine 5120; a-, de-, en-, pormaine (nt) 820, 1517, 1992, 2034, 2037, 2068, 2634, 3405, 3919, 5553, 5901, 6060, II 6524, 6846, 6939, 7111, 7879, 8146, 8178 II alainne 8513, cf. § 36a. Vor dem Ton bei beiden Copisten ẹ: mené, pener etc. beim zweiten auch an: manrai 7464.

34. Vlglt. ẹ in geschlossener Silbe wird gewöhnlich zu ẹ. Reime sind ausser den Worten auf illa = ele (ancele estencele etc.) die mit ele (= ellum) reimen, (cf. Pohl, Rom. Forsch, II, p. 540, No. 8, wo ele (illa) = ele (ella) gesetzt wird), hierfür nicht vorhanden. Hervorzuheben ist espois (im Reim) 5961, u (im Versinnern) espoisse 2775, die Foerster (Cliges, LVI) von einem *spicsus ableitet; mit e in espessier 3123; prois 719 (im Reim) übersetzen die Herausgeber mit près; woher stammt das Wort, viell. an prois[me] angebildet?

36. Vlglat. ẹ vor gedecktem n bleibt meistens bei dem ersten Cop.; mit an schreibt er immer sans, zweimal an: 376, 3764, sambler u. seine Composita immer mit am: 501, 796, 1219, 1294, 1822 etc. einmal ensemble 5389, anterre 3722, anuier 1361, 3266, anuitier 1233, 1466. andemain 541, 6009, angardez 1281. Ausser diesen wenigen sind die zahlreichen Zusammensetzungen mit en (= in) u. en (= inde) immer mit en geschrieben, ebenso regelmässig vengier u. losengier. Dass der erste Copist en von an noch schied, zeigen auch die Fälle, wo er vor m od. p statt en: em schreibt: § 88. — In anemis (immer an geschrieben) ist wohl mit Foerster (Cliges LXVII) Dissimilation anzunehmen. —

Der zweite Copist spricht dieses en wie an und schreibt daher sehr oft an: anfant 45, 6613, 7212, 7291, 8212, 8397, 8535, 8542, 8598, an 46, 6824, 6980, 7288, 8497, 8660, angolé 7226, anvaïe 8641, anvoiet 7445, 7469, dedans 7020, anvers 6446, 7386, 7771 etc. antre 6311, 8422, ancontre 6546, 6654, 6883 etc. Bei ihm daher auch kein Beispiel, wo em vor m od. p geschrieben wird.

36a. Folgte diesem ẹn ein i = haltiger Consonant: g̈, c̈, ng od. ñ, so wurde dasselbe auch vortonig, zu ain: beim zweiten Cop. losaingier, vaingier, raingier: § 21a; beim ersten: enpainst (impingere) 4065, 4243, 4652, tu vains (vincis) 2486, cainst

486, 582, 4317, 4937. cainssist 4919; 3. p. saint (cing't) 6938;
caint (cinctum) 1990, 1802, 3672, II 8114; vaint (vinctum) 1576.
sain (singum f signum) 1250; — ñ: saigne 1566, 2691, 3096,
II saigniés 6947, en-saingne 6496, 7572, pre-, en-saingnies
64, 73, 4817, 5637, 5664, 6020, 6023; 5013 des-caigne(nt)
1546, 5518 daigna (dignare) 1681, II 8339 destraignant 513.
Der erste Copist sprach dieses ai (wie wir schon aus 23a, 27a
wissen) wie ę aus, wir finden bei ihm venchu 2777, 4488 (neben
vainchue 1215), degniés 4007. ventra 5028.

38. Vlglt. ę ist zu a geworden: dalez 1503 II 6876, 7415,
7562, 7657, — maneciés 4000 (= menace 7322, aber auch
manace 418, 1417, 1857, 2901, 4070. desfaés (disfidatus: Tobler, Jahrbuch XV, s. 248) esfraé (ex - fridatum) 8495, 8518.
Durch Assimilation: penaant 693.

Vulglt. I.

39. i bleibt sowohl unter als auch vor dem Ton. Wegen
der Formen celi u. li (= celui, lui) cf. § 77 — wegen veïr, mi,
ti, si: § 31. Bemerkenswert ist beim zweiten Verf. virge, 8174.
Durch Einfluss der folgenden Labialis wurde i zu u: afuble
3660, 5874; desfuble 8181. — Durch Dissimilation is es vor be-
tontem i zu e geworden: petis 2798, II 6192, 6460, 7124. 7604,
8366, 8404 fenir 3015, 3190, 4569, II 7209 devis (v. divisare)
1686, 3205, 4735, 5539; 5186, 5545; 4863 (devision); 5702;
II 6614, 6966, 7191. — Es ist ferner vortonig i zu a geworden:
aronde (hirundo) 3413, arondel 4662; alluec (illuec) 6892; e ist
eingeschoben vor dem i: peitié 6489. Immer meïsme, nur einmal meesme 2792. — Reciut 2042, 2502, 5269, giurent 1255,
5132 zeigen, dass die Sprache des Copisten dem Gebiet der diu-
Formation angehörte (cf. zs. II, s. 258 ff. s. 284).

Vulglat. Q (kl. lat. ŏ).

40. Betont und in offener Silbe wird es ue: vuelent 2171
truevent 68, 829, 1447, 2041, 2051, 2071 etc. (troevent 59,
3505) uevre 5844 (oevres 501) cuer, fuere, bues 3855, pues 3830
etc. puet 2065, 3008, 3017 etc. pueent 1399, 4136 (daneben
puent 1417, 2064, enfuent [v. enfoïr 3200] 4764, vgl. brullet
neben bruellet § 71), Diez II, 137. —
Dieser Laut schwächt sich in einigen Worten schon zu e:

avec 2893, 4270, 6006, aveqes 2089 (avueques 4362), (immer
iluec 3296, 6126, ilueques 3890, 5839); vgl. hierzu veve (= veuve,
vidua) 2991. Offenbar ist das v hier sehr von Einfluss gewesen
und man darf wohl daraus schliessen, dass die ue u. eu z. Zeit
des Cop. schon einen einfachen Laut (ö) angenommen hatten,
der sich dann durch Einfluss von v zu e schwächte. — Der zweite
Cop. zeigt ziemlich consequente Schreibung mit ue ; ausser oef
8706, schreibt er immer pueple 8056, uel 7109, 7485, avuec,
illuec (alluec 6892) u. illueques 8163. Ebenso regelmässig je vuel
6454, 6592, 6930 etc. tu vuels 8057, il vuelt 6324, 6350, 6380,
6458, 7447, li duels 6712, 6713, 8410, 8527, 8522, il vuellent
7745, 8548; Conj. vuelle 7142. Doch darf man daraus nicht
schliessen, dass er auch vuelle, vuels, vuelt u. duels, ohne mouil-
liertes l, sprach, denn wir finden bei dem ersten Cop. neben or-
guel 4716 dieSchreibung orgueil3027,neben zahlreichem diex(=duels)
566, 3488, 3652, li dues 4561. Ganz consequent aber hat der erste
Cop. viex 1129, 1131, 1648, 1760, 2128, 4622, 5075, 5255, 5417,
5620. vieut 72, 105, 891, 960, 1085, 1741, 1779, 1835, 1852, 2936,
2950, 3845, 3958, 5558. sieut 840, 1323. orgiex 1156; u. der
zweite Cop. iex (ocul's) 6372, 6766, 7071, 7181, 7275, 7540,
7602, 7949, 8337. Auch diese Formen zeigen: 1) dass das
alte ue sich dem geschlossenen ö (= e) genähert hatte, 2) dass
dieses e mit dem aus l, ĺ (vor Cons.) entstandenen u wieder einen
Diphtong eu bildete, und 3) dass immer nur vor l, ĺ Cons. das
eu zu ieu wurde. — Ob Mussafia, der (zs. f. öster. Gymn. 1877,
s. 291) aus eus: ieus entstehn lässt, Recht hat, oder Foerster, der
(Chev. as II espées, s. XLI) die Reihenfolge els: iels: ieus annimmt, wage ich noch nicht zu entscheiden, doch scheinen mir
die von Mussafia angeführten Gründe für die Entwicklung: els:
eus: ieus zu sprechen. — Sehr wahrscheinlich ist es nun, dass
der erste Cop. ex (1303, 3577, 5568) u. oils 3191 : iex sprach. —
Das iex des zweiten Cop. macht es auch wahrscheinlich, dass er
vieus, vieut, dieus etc. sprach. Dass ue bei ihm nicht mehr den
alten Diphtong repräsentierte, zeigen ausser aqueullent 8351, aqueulli
7313, 7579 etc. (qu = q, § 103) das Wort Ribuemont 6580,
6582, 6705, 6712, 6780, 6796, 7074, wo ohne Grund ein u eingeschoben ist (der erste Cop. schreibt daher auch immer Ribemont),
und huerta 6255 : § 51.

41. ǫ + ṅ giebt bei beiden Cop. on; so schreiben sie immer bon und bone; hom kommt im Reime auf on vor, entweder als on oder hons 1044, 3359, (d. Copist schreibt es auch hom) 1656, 3177, 3981, 4876, 6201, 6204. Der zweite Copist immer hon (s): § 88. — Vor m wurde o zu a in dem bekannten dame, dans, damoisel, in den Zusammensetzungen Damedieus 65, 2149 und Damerdieus; das hier durch Dissimilation aus n entstandene r erscheint noch an der ursprünglichen Stelle in der consequenten Schreibung des zweiten Cop. Damredieu 6570, 6596, 7268, 7455 etc. — Wenn n die Silbe schloss, wurde ebenfalls o geschrieben, lons 625 (im Reim), lonc 4123 (II 7596); nur das Adverb longe lautet loing 3654, 3976, 4223, 5949.

42. ǫ + u (ṵ) zeigt verschiedene Gestalt: 1) ou: jougleres 2443, 6087, II 8228, moulez (modulatus) 4326; 2) eu: peule (populum) 2063, 6077, 6234, beim zweiten Cop. noch fex 7713, 8566, lex 6893, 7864, 8384; — 3) ǫ: poi (potui) 2274, 3062, 3559, 6015. Der zweite Copist zeigt hier wie oft eine verdorbene späte Aussprache: pos = poi + s, (vgl. § 102) 8134; vgl. os = oi + s 7866. — Beim ersten sehr häufig: pot (potuit) porent (potuerunt): — Vortonig: poïs 1115, poïst 4952, 5210, 5488. — 4) u: fu 1453 (im Reim), 1467, 5482. (daneben feu 332, 1482, 1486, 1503), immer liu 1234, 1242, 1297, 1351, 1389, 2324, 3782, 3827 etc., giu 91, 548, 1590, 3448, 3876, 4623, 4656, 5210. Das i wurde hier überall durch den vorhergehenden Consonanten hervorgerufen, vgl. Giué 1267. (Über die Entwickelung des lŏcum, fŏcum, jŏcum, vgl. Foerster, Rom. St. III, 182 ff. und Pohl, Rom. Forsch. II, 612, wo neben fieu, feu, fiu, für Wace die Form fié nachgewiesen wird). Der zweite Copist kennt auch die picard. Entwicklung des ou (o + l) zu au: vaus 7571, vaut (= volt) 6267, 6291, 7007, 7008, 7298, 7467, 7511, 7533, 8383, vaurai 6480, 6503, 8606, vaura 8645, vaurons 6892, vaurent 8565, vausissiés 7707, saudoiers 6435, 8537. Daneben auch vot 8014, vorai 8081, immer coper (in seinen verschiedenen Formen) und cop, ebenso votis 6736, 7799, 8188, 8264. — Der erste Copist hat hier überall die Formen mit o.

44. Vlglat. ǫ in geschlossener Silbe ist geblieben. Der erste Verf. kannte auch die abgekürzte Form für nostre = nos 2375. Sie sowol wie vos (= vostre) kommt sehr häufig im Versinnern

vor und darf des Metrums wegen auch wohl dem zweiten Verf. zugesprochen werden. Aus den Reimen hervorzuheben ist: noce (= nuptia) 7343 und beim ersten Verf. das schon früher (§ 31) erwähnte bos, das sich einmal in einer ois = Tirade (3384), und einmal in einer ǫ = Tir. findet: 2344. Nach Foerster (Chev. as II espées s. IX) ist dies die picard. Form des Wortes. — Der zweite Cop. kennt nur bois: 6355, 7425, 7443. — mos (reimt mit ǫ) 2374; 5934 mit oi (wohl = ǫi, cf. 31) gebunden. Dieses Wort ist bemerkenswert, weil es in einigen normannischen Texten nur mit ǫ reimt (cf. Rom. Forsch. II, p. 565). — ǫ ist in e gewandelt: envoslespe 46. Beide Copisten schwanken in dem Falle, wo durch den folgenden Palatal in der vorhergehenden Silbe ein i hervorgerufen wird, (cf. 15, 16, 21ᵇ): Beim ersten: Roiche 5056 aproichier 1249, 1298, 1716, 4209, 2876; — der zweite hat: reprochies 7541, aprochier 7013, 7741, 8615, broiche 1946, 2494, 2725, 2887, 2894, 3421, 4226, 4999, (auch broche 4378); der zweite broiche 7772. — Vortonig: broichier 1401, 4037 etc. (auch brochiés 2340), vgl. loigent: 78.

45. Vortoniges ǫ ist meist geblieben, sogar in offener Silbe: novel, seltener nouvel, poons 4163, II, 6657, 6758, poés 1345, 3011, II, 6362, 7462, 7474, 7528, pooir 3828, voloir 7336, volés, voloit, trover 2064, 3576, 3240, 4178 etc. II, 7669, 7952 etc., trouvai 6995, trouverent 6564, (mit o: 8369), ebenso prover, rover (vgl. § 13, vortonig a + U) joerent 547, 4659 (jouer 545). Nach Groeber (Zs. VIII, s. 315 Recension zu Ellenbeck's Diss. a. a. O. s. 39) bleibt gedecktes offenes o der Vortonsilbe ausser vor Nasal ǫ; freies offenes o und durch Nasal gedecktes offenes o der Vortonsilbe wird zu geschlossenem o. Hiatustilgendes i wurde eingeschoben in joier (jocare) 5625, 5644 (im Reim auf ier).

Vulglat O (kl. lat. ō, ŭ).

46. In offener Silbe ist es o, ou oder eu geworden. Suffix -orem bald o, bald ou geschrieben, oft beides neben einander: dolor 1003, 2403 etc., dolour 4136, combateor 4137, combatoeur 4140, sehr oft onor, onour 3525, seror 5204, serour 4131 etc. Beim zweiten Cop. ist mir kein Beispiel mit ou aufgefallen. Beide haben consequent signor und lor (ausser 748, 1405: leur), so dass man wohl für beide die Aussprache ǫ annehmen darf. —

Suffix-osus wird vom ersten Cop. verschieden dargestellt : 1) corecos 750, mervillos 2819, 3828, 5008, orguillos 1414, 2) mervillous 1392, 2644, 2906, 2928, 5044, 5512, glorious 3125, 5585, orguillous 1869, 4176, 4178. soufraitouse 1682 ; 3) glorieus 1141, 1826, 3688, 4696, 5782, corageus 3609, dolereus 3985, angoisseus 5952. Der zweite Copist hat immer ous : 6341, 6713, 6885, 6899, 7780, nur einmal eus : gloriex 6993. Wenn wir os =. ous setzen (da das letztere viel zahlreicher ist), so haben wir 17 ous gegen 8 eus (zweiter Cop. 5 ous : 1 eus) dürfen also ous als die dialectische Aussprache der Copisten ansehn. — Aber wie ihnen eus von der Ile-de-France oder Champagne her schon bekannt war, so auch das diphtonpirte o (= eu) in eure 539, 2000, 3666 etc., II, 6854, 6870, 7283, 8069 etc., seul 854, 1055, 2117, 2654 etc., II 7028, 7975 (seus), 8035, neu (nōdum) 1860, 1929, preus 534, 1157, 1475, 1520, 1834 etc., II, 6275, 6685, (preut) 7052, 7523, 7530 etc. — pleurent 1495, 2385 etc., II, 8071, deus (= duos, =. ou) 2801, 2645, 3232, etc., II, 8071, neveu 293, 318, 527, 779 etc., II, neveut 7635, queue (cōda) 7031. — Ferner seure (supra) 3884, 4557, 5095, 5244, (deseur 1774, 5567), neben sor 2059, sore 3318, 4476 etc.; suefre 1914 gehört (trotz des ue, sonst = o) hierher, es hat lat. o in geschlossener Silbe, aber franz. ist die Silbe offen, daher wie gewöhnlich aus ou : eu. Vortonig bleibt eu in preudomme 1641, 5811, 5887, 6153, sonst o oder ou : plorant 3713, 1410, plour(r)ont 2404.

47. Die possessiven Pronomina lauten immer mon, ton, son im obl. cas ; zweimal wendet der erste Copist die picard. Formen an : men 5857, sen 1363.

48. o in geshlossener Silbe mit folgendem Palatal wird zu oi : joinchie (juncare) 2985, (jonchiés 3893), 5613, II, joinchie 8185 ; — mençoingier 1118, soinge 3516, soinga 3516 ; ebenso vor ng : poign 3, poig 3475, poing 2863, 2900, 3007 etc. ; einmal pong 3177, II, poings 7299. —

49. Vulglat O in geschlossener Silbe. Hier fragt es sich immer, ob o in frz. geschlossener Silbe steht, oder nicht. In ersterem Falle wird gewöhnlich o, im zweiten ou geschrieben und gesprochen. Beide Copisten (die Verfasser lassen uns hier im Stich) haben durchweg por (der zweite nur 6277 pour), dann hat der erste immer vos und nos (vous nur 1849, 2280, 5473 ; nous 3224, 4263, 4623), der zweite immer vous und nous (ausser

6922, 7201, 7323, 7940, 7946 : vos). Dieses ou des zweiten Cop. findet seine Erklärung darin, dass zu seiner Zeit die Endconsonanten schon verstummten, (vgl. d. Cap. Consonanten). Auch beim ersten zeigt sich dieses schon in der doppelten Schreibung von tot 1098, 1348, 1418 etc und tout 811, 1601, 1671 etc., desos (z) und desous, tos und tous. Am auffallendsten erscheint dies in Fällen, wo der die Silbe ursprüngling schliessende Consonant schon früh ausfiel und so die geschlossene Silbe zur offenen wurde, hier ist auch gewöhnlich ou geschrieben: route 1998, 2679, desrous 3991, II, 8628, desrout 660, II, 6640, 7820, escarboucle 484. — Vor dem Ton: espouser 130, 592, 1674, 5604, 5730, 5735 etc., II, 7139, (esposée 5856, 8499), immer cousin 527, 2791, 5719, 6195, cousut 8484, couvent 733, 796, 1456, 3813, 4593, II, 8245, 8342, (covent geschr. 650, 907, 4605, 4926, 8157, 8342), couvine 2159, couvient 1349, 1936, 3481, (covient auch öfter; doch überall, wo convent oder convine in der Ausgabe geschrieben steht, kann auch couvent u. couvine gelesen werden s. LXXXVII). — o vor mehrfacher Consonanz immer durch o wiedergegeben: jors 135, 1458, 1872 etc., II, 6612, 6925, 8002 etc., morne 6276, 6564, torne 309, 2606 etc., II, 8370 etc., secors 1508, 2934, 3501 etc.

Ebenso vor dem Ton: monta 156, torner 2704, torna 159, 802 etc., II, tornés 6511, 8101, 8216, 8639, 8660, (tournes 7063), jornées 7116, 7656, 7659, 8097, (journées 8564) retornerent 7065 etc.

Vor Nasalis finden wir sehr oft ou (indem n (m) zur nächsten Silbe gerechnet wird): poume 793, 1908, 3006 preudoume 1679, (auch preudomme 1641). — Vortonig: poumier 1859, 3075, 3821, (pumier 2910, auch pommier 4846), pautounier 1111, 5416, oumaje 900, noumé 3743, 4311, II, 8311, renoumée 5755, Toumas 1379, tounant 2480, estouné 4090. — Vor Nasalis schreibt der (erste) Copist oft u: Im Reime auf ont: sunt 5893, (sont 5903), parfunt 5896. Ferner sunt 2815, venderunt 3376, morrunt 2701, raruns 5973, cum 3596. — Vortonig: acumenia 2428, 3369, nuncier 5116, 6030, confundu 1461, plungier 3155, rumpue 1902, pumier 2910. Der zweite Cop. hat nur anbruncha 8284, plungiés 7535. Auch in anderen (nördlichen) Denkmälern findet man crupe 1803, 2415, 4079, sus (sous) 5345. — o + l wird ou in pourrion (pulmonem) 2072, escouté 3746, 5294 etc., doucement 1147, 2240, 3766 etc. estoutie 2349, 4307, 4797, (estotie 5280) couchier (sehr oft).

50. Für vortoniges o finden wir e: chalengier 1129, 1833, 1853, 2541 etc., (auch unter dem Ton: chalenge 290, 654, 5854), secors 1508, 2813, sejor 1940, 3762 etc., volenté 5164, 5294, 5304 etc., II, 6398, 6628 etc., (nie volonté) volentiers 612, 1022, 1121, 1679 etc., II, 6475, 6913 etc. Loenois (aus Loon) 5515, corecier 1532, 1649, 1729 etc., (immer e, nur 3989 corrociés). Salemon 6206, nen (= non) 2263, 3174, 3399, 4491, 4496, 4744, 4754,5390; 5738, II, 7272, (nan) 7371.

Vulglat U (kl lat. ū).

51. Dieses u bleibt im Frz. bestehn. Bemerkenswert sind die Part. Perf. arestu 1950, 1954 (v arester) consentu 3322, 4381, (v. consentir). — Ein parasitisches i vor ch in: trebuiche 3458; — hurter zeigt einmal die Form huerta 6255, woraus vielleicht zu schliessen, dass sich das ü vor r etwas dem ö genähert hatte (vgl. Ribuemont § 40). — Über fibula = fuble vgl. 39. Beim zweiten Cop. finden wir ui zu u reducirt in us (= uis) 7305, 7358, (vgl. os = oi + s 7266); bei ihm noch die stammbetonte Form mainjue(nt) 7349, 8360. — Vortonig wird u zu e in acumenia 2428, cumenier 3369. (aber communement 4275). — Was jusque (= in)de usque) anbelangt, so brauchen beide Copisten es selten (I: 11, II: 3 mal), um so häufiger seine Nebenformen: dusque (I: 10, II 19 mal) u. desq(u)e (I: 31, II 1 mal). Aus den Zahlen ersieht man, dass dem ersten Cop. desque am geläufigsten war, dem zweiten dusque.

Lat. ae.

52. Dieses ae hat dieselbe Behandlung wie ę erfahren, in offener Silbe ist es zu ie geworden, ausser praeda, das gemeinfrz. proie giebt; also immer requiert, lies, ciel (= caelum) etc.

53. In geschlossener Silbe ist es geblieben (= e): preste 8124, aprester 77, 4340 etc.

54. Vortoniges ae ist geworden: 1) zu e: esmer (aestimare) 1168, aesmée 4796, (acesmer ist ein anderes Wort, 4943), prevost (praepositum) 1029, 7978, plevir (praebere) 4578 etc.; esleescier 2732, 2926, 6031, 7112, 8525, 2) zu i: grigois 2145, (wegen des ġ) 3) zu a: aaige 2689 (durch Dissimilation). Ausgefallen ist es im Hiatus in eslecier 7557.

— 22 —

Lat. oe

ist wie ę behandelt, paine § 33.

Lat. au.

55. Lat. betontes au ist in offener Silbe wie sonst zu o geworden: § 13, parole (paraula) subst. und verb, Pol 4859, loent 2282, 3068, chose, los (laus) 2523, 7306. Gelehrt ist cause. 56, Vortoniges au erscheint wie sonst als e im Anlaut in: escouté (auscultatum) 2156, 3746, 5294 etc. als o: reposer 3727: § 13.

Die betonten Vokale,

combinirt mit nachtonigem und secundärem i.

A.

a 57. Der Diphtong ai wurde vom ersten Verfasser auch ai gesprochen; die ai-Tiraden (45, 137, 156, 232; aire: 50) sind ganz rein. — Der Copist mag diesen Laut (ai) nicht mehr diph. tongisch gesprochen haben, sondern mehr ę. (vor dem n sahen wir dies schon § 14, 27 a: preng, vegnent), wie dies vor dem Ton § 59 besonders hervortritt, vgl. § 16. Der zweite Verfasser reimt auf ai: menbrés 5985 (das er wohl mit etwas offenem e gesprochen hat) und mès (missus) 5987; demanois 5988, solche Reime ganz gewöhnlich in der Sprache v. Ile-de-France: Archiv B 65, s. 65 (oi lautl. = oè). Die Form set, die v. 7231 unter ę-Assonanzen (ausnahmslos = lat. a) erscheint, muss als Nebenform von sait, als direct aus sa[pi]t entstanden gedacht werden (wie vęt = vádit); cf. Aiol, anm. zu v. 146, v. 150 reimt set mit ę. Ferner bindet der zweite Verf. auch ai mit a: repaire (in weibl. a-Tirade) 7305 und, wenn die Endung aige ihm auch angehört (§ 16): saige 7311, voiaige 7313, prioraige 7314. — Der zweite Copist scheint dieses ai noch wie ai gesprochen zu haben, denn wir finden nicht einmal die Schreibung e bei ihm (vgl. § 16).

57. ai (resp. ei) ist entstanden:

1) Durch Contraction: mais, aitre 3492, aise (*asium) 2249 etc. repaire 7305, 4277, paile 1383, 2145, 3569 etc. Ferner sai (sapio) 4283, II 7286, — 2 p. ses 7285; 3 p. seit 856, 1321, 1667, 2632, 3007, 5382, 5987 etc. — set 5458 II (im Reim: é) 7231; 6274 etc. — vas 1413, vait sehr häufig (dane-

ben auch oft va). Der zweite Cop. fast ausschliesslich vait (15mal gegen 2 va); — heit 1276, 5510, 6135, 6139. —

2) Vor einer gedeckten Gutturalis oder einer Sibilans, die ein i abgeben: frait (fractum) 2535, 4075 etc. sairement 860, 5839 garais (vervactum) 2778, Saisnes 2740, fait, retrait, eslais, gaite etc. — palais, belais (belatius) 2446, malvais, tais (tace) 5416; — Beim ersten Verf. noch das rätselhafte irais (2574), welches auf ein sonst nichtbekanntes iratius zurückzugehn scheint: s. Ausg. Glossar. — Hervorzuheben ist dann noch aigue (= ak-va), ein Wort, welches unter verschiedener Gestalt erscheint: eve, eaue, (Osten) iaue (Champagne, vgl. Foerster Cliges LXI). Der erste Copist hat nur aigue 106, 357, 473, 478, 3383, 4038, 4045, 5193; (ague 1959). Der zweite Cop. neben aigue 7570, 8417: iaue 8408, 8483. —

3) a + einfacher Gutturalis vor einem dunkelen Vokal: Doai, Cambrai, Cimai, verai 2595, 2831 (vrai 5014) esmai (magan); auslaut. Gutt. in fai 2296. Im Reim (v. 939) mesfai, das nach den Herausgebern (s. LXX) statt mesfaces steht. Metzke (Archiv B. 65, s. 91) constatiert in einer Urkunde aus Ile-de-Fr· que tu fai neben gewöhnlichem que tu faces.

4) taie (Grossmutter) 5238, aus tata, wie cràie aus creta: Diez, E. W. — Vor dem Ton ist in diesen Fällen meistens (vgl. unten) ai erhalten; wenigstens habe ich ausser terai, feroie, nie e für ai geschrieben gefunden: repairier 3518, baisier 965 etc. 7512, afaitiés 3998, essaier 4613, 5123, lairai 998, 1633 etc· lairoie 332, plaisoit 2156, II 6608, faisoient 1302; 2111, 5372 flairier 1494, maissele 1012, 1190, 3487, aissele 1189, 3695, II taisiés 6697, 6828, gaitier 7373, 7443, etc. — In caiens 4804, II: 7404, 5406 ist i nur hiatustilgend.

57a. Als dialectische Eigentümlichkeit (Lothr. Psalter XXIX, Corssen, Pred. über Ezechiel, s. 20. N. de Wailly: Mém. sur la langue de Joinville, Bibl. de l'Éc. des Chartes, 6. serie, B. 4, s. 385 f finden wir oft a für ai (vgl. auch § 16, 19 und 18): ague (= aigue) 1959, bes. fas (= fais) 122, 1243, 1769, 2930, 3790, 3813, 5078, 5360, II 8254. — Der erste Cop. immer ancois (= antius + ius) der zweite aincois. je has 6171, agu 1442, 2620, 2859, 3902 (aigu 1957), laroi 3623, laroie 1061, 1465, 1755, 4583, lassiés 5118 reparier 2562, esclarier 1947,

6036, 5406 (esclaire im Reim, 1028), aasier 1103, 1354, 3727, chatis 1222 (chaitis 3854, 5194), hatié 3038, 4707 (rehaitier 1926). Der zweite Cop. nur larmes 6767. —

58. Das Suffix-arium ergiebt wie gewöhnlich: ier. Hierher gehören auch die Substantive, die von dem entsprechenden Infinitiv (durch Suffixvertauschung) stammen: destorbier 1089, 1541, 1572, II 6264, 7378, 7387, 8599, encombrier 4752, 4830, 5226 etc. II 6271, 7182, 7399, 7893, 8128; desirier 2609, 3802, 4532, recovrier 69, 1647, 2602 etc. reprovier 2927, 4604, 4747, II 7556. — Der zweite Verf. hat noch adversier 6945. — Aire finden wir in viaire 1017, II 6379, 7159, contraire 1019, 2637. Ylaire (Hilarius) 1023, 2639, essamplaire 2639, II suaire 8505. — Suffix-aria giebt iere: Tir. 65: proiiere 1323, Baviere 1325, baniere 1326, chanberiere 1329 etc. — Noch streng von diesen Suffixen scheiden die Copisten das Suffix-arem: soler (119), 1409, 5250, baicheler 314, II 7744, 8272, 8573, sengler 3579. — Vor dem Ton wird wie sonst ier zu er: acerois 2147 etc. Loherel 6513; aber legierement 1306. —

50. Lat. a+n+i (e) giebt aigne (eñe). Reime fehlen. Der Copist hat: Champaigne 2045, compaigne 1815, II 6491, 6510 remaigne 4600 (auch remegne 4595) II Espaingne 6980, 7076, 7600, 8115, 8177. Vor dem Ton: compaignon 3249 (anch compagnie 5575); mehaignier 4678 (und meheniés 4673), gregnor 2447. Ferner baignier 2729, 3153, II 7520, 7547, 7542, 8294, engraignier 2703, 3532, 5086. Der zweite Copist schreibt immer ai, wenigstens ist mir keine Ausnahme aufgefallen. — Eine gemeinfrz. Ausnahme macht estrange 411; 1337.

60. Lat. a+l+i = ail. — Tir. 53 giebt Beispiele für den ersten Verf.: faille, vaille, bataille, maaille, paille; wegen des Suffixes aille in pietaille 1066, devinaille 1072, coraille 1073, commensaille 5923, vgl. Foerster, Rich. li biaus, Anmerk. zu v. 2089. — Zuweilen all geschrieben: § 89. Über den Lautwert dieses Suffixes = al͞ (nicht ail͞) vgl. Rom Forsch. II p. 584. — Der erste Copist schreibt vor dem Ton zuweilen i statt ai in travillier 3190, 5298, 6068. — Der zweite Copist schreibt auch hier immer ai.

61. Die Endung -ationem und -a[n]sionem geben aison: raison 397, 1757, 3360 etc. II 6728, 7319, 8435 etc. desraison

924, II 7326, anaisnier, maison. — Vortonig wird dieses ai zu
oi: venoison 1561, livroison 1357; oder zu i: arestisons 4164
etc. II 6773, 6794 etc. orison 1309, oquison 3185, II commen-
dison 6761, acordison 8261, pasmisons 6991. — Façon (392,
399 etc.) geht auf factionem zurück, ebenso retraçon 3328 auf
retractionem; daneben gelehrt: retracion 630. Gelehrt ist auch:
estration 7325 und Ascention 7334.

Vulglat. ç (kl. lat. ë).

62. Betontes vlglat. ę + nachtonig.. i giebt wie frz. i: mi
321, 544, 1234 etc. miedis 2647, 4249, mire 2544, 2714, 4759,
4776, 4779 etc. II mie 6850, 6858, 7223, sire 3705, 5352.
Vortonig durchweg i: signor (auch beim 2. Cop.) ebenso millor.
— Vor t+i ebenso: pris (bei Verf. u. Cop.) 1220, 1594, 2078,
2516 etc. — Vor dem Ton Schwanken zwischen i und oi: pri-
sier 1430, II 7739, 7760, proisier: 1364, 1638, 2104, 4715,
5216, 5597, 5660, einmal mit Auslassung des i: prosiés 4715.
63. vlglat. ę + I + Cons. geben (bei Verf. und Copisten)
nach franz. Art ein i: ist (exit) 952, 3521 etc. pis (pectus) 2531;
3181, eslis (exlectus) 5185 II 5682, 5692, lit 1239, 5247, re-
spit 3222. — Lat. ecce, soweit es selbstständig vorkommt, hat
eine abweichende Behandlunn erfahren; durch eis (1991, 2514,
2542, 2598 etc.) wurde es zu es: 1798, 2571, 4377. 5448,
5924, II 6504, 6850, 7693, 7908 oder zu e: 2481, 2672, 2684,
3345 etc. Es wurde dann als ein selbstständiges Verbum ange-
sehen und durch Analogie entstand: estes 4792, 5450, II 8630.
Bei Anlehnungen an andere Worte durchweg i: icel 483, 6090;
6338, 7074 etc. icil 6179, iceste 76, 1206, 3294, 5183 etc. II
6334, 7223 etc. icelui 8523, icestui 7627, ice 983, 1762, 2474,
3867 etc. II 7324, 8049, 8142, ici (ecce hic) 3984, II 7002,
7131, 7422, 7524 etc. — Etwas anderen Ursprungs ist das i in
itant (1686, 4044 [aïtant 3945]) und iteles 493; 5858, dieses i
= eccum (oder nach Anderen = aeque). In derselben Weise
entsteht das i in prier (aus (precare). Die stammbetonte Form
dieses Wortes erscheint als pri 866, 991, 2296 etc. u. proi 632,
3954, 5270, II 5768, 7151, ebenso vortonig: 1360, 1480, 1681,
1749 etc. II 6593, 7088, 7455, 7507 etc.

64. S. -erium = ier (reimt mit ie = I + a) mestier, mostier. Beim Cop. auch baptestire (= baptesterium) 1569.

Vulglat. ẹ (lat. ĕ, ĭ).

65. Nachfolgendes i bewirkt bei ẹ Umlant zu i: fis, fit (beim zweiten Cop. auch fist geschr.) pris (pre[n]si) ving ting, couvine (con-vēnium) 2159; 7446. 7471, tapis (tapētium, vgl. Cornu, Rom. VII, 357), 1615; II 6439, 6495. — eglise (ecclesia) 1211, 2119, pis 2537, II 7951, 8292, pires 1562, II 5786. — Ferner ist i aus e geworden durch den Einfluss benachbarter Consonanten: 1) nach s oder c: merci, plaisir, loisir, nuisir 4893, Sarrasin 472, 476, II 6488, 6726 etc. — 2) nach ch oder (ausgefallener) Gutturalis: marchis 373, 830, 4258, II 7375, 8244, 8381, païs 370, 554, 811, 819, 1218 etc. II 6177, 6189, 6440 etc. sains (sa. gēna vgl. Schuchardt, Vocal. III, 121) 1486. — Vor dem Ton schwankt dieser Laut zwischen i und oi: prison 6792, 8250, proison 6278, mesprison 4865, II 7322, mesproison 957, 4570.

66. vlglat. ẹ + G + t giebt oi: esplois 2473, revois 2472, 3395, drois 2461, 5521, 5554 etc. II 6416, 6583 etc. destrois 5508, 5549, II 5952, 6160, 6824, frois 5947, 5953, 6607. doies (digita + s) 7788 (dois 6167) auch wegen des e (= a in digita) bemerkenswert. — Vortonig wird dieses oi zuweilen o: esplotiet 6345, 7534 (motiés 3598, prosiés 4715). — Sonst oi: estroitement 6436. —

67. Das Suffix-itia giebt: 1) esse (esce) proesce 1378, petitece 380, 5778. 2) ice: justice 7836, 7955; ebenso -itium: prospice 6389, service 639, 645, 982, 1645, 1664, 1705; 3) ise: amendise 1770, 2274, 2294, 3062, 3427, 3431, coardise 4367 (coardie 2568) und servise 3746, II 6481, 8286, 8334. Dies ist die gewöhnliche Form des Wortes, obiges service picard.: Cliges s. LVII.

68. 1 + Gutt. + l giebt: e + l̄, inlautend gewöhnlich ell geschrieben (zuweilen auch auslautend): solell 695, orelle 5010, 5015, 5025 etc. aparelle[nt] 85, 314, 3809 etc. vermel 1895, vermelle 3662. — Ebenso i + l + i: mervelle (s. 585, 971, 1581, 2766, 3794, 4566, 4883 etc. II 6977, 7639 etc. concel[l] 535, 748, 1154, 1743, 2290 etc. II 6506 etc. cf. anm. zu 60. — Wenn zu diesem ell noch ein s hinzutritt, wird e l̄ s zu aus:

solaus 3940, 4166, II 7719, vermaus 5894, 5900, consaus 1520;
doch consox 1659, consoux 2013, consout (Conj. v. consellier)
3871 : vgl. § 26a. — Vortonig: 1) e + ĩ: (es)vellier 3801,
6239, II 8357; 8523, consellier 1519, 1522, 1523, 1537, 1732
etc. (der zweite Cop. anders, s. unten); 2) i + ĩ: concillier II:
6274,6588, 6903, 7890,8547, mervillier 1845, 5666,5998. II, 7759,
8511, aparillier 1238, 1708, 1945 etc. (so auch immer beim zweiten
Cop.); bei beiden ebenso beständig: mervillons, sonmillier (3800)
goupillier 5430.
69. Vortoniges e + J giebt oi: loiaument 2653, 4269, 5310,
II, 8255, roiax 5430, roiaume 7041.

Vulglat Q (lat. ö).

70. Betontes ǫ + i (J) hat durch ue + i nach französ. Art
ui gegeben. Reime giebt es nicht. Bei den Copisten ancui 3434,
5988, 6162, hui 2652, 3813, 5405 etc., jehui 4111. cuisse 4832,
5434, nuit 1946, 6609 etc., pui 3902, puis (posco) 354, 648,
686, 780, 1515 etc. und der Conj. puise, puïst, puisent, muire,
(moriam) 765 ete. truis (trovo + is) truisent. — U für ui in us (ostium)
7306, 7358. Vortonig auch ui: apuia 2147, 3053, II, 6301, anui-
ier 1735, 3088, huimais 1637 otc., anuitier 6065, ll, 6296, vuidier 1185; 640, 780 puissance 2815, 4147.

71. Neben jenem ui finden wir auch die (dem Osien eigen-
tümliche) Form oi: oile (oleum) 78, toil (tollio) 4384, toille
(tolliam) 2941, 4643; doch wenn wir im Folgenden oi neben uei
(= eui) finden, so wird das erstere wohl rein graphisch und
phonetisch = uei (= eui § 40) sein, im Renaut de Montauban
339, 9, 16 z. B., reimt despoille mit orguelle (vgl. Rom. Stud.
III, s. 184, anm). In unserem Denkmal sind es folgende Fälle:
erster Cop. acoillent 3854, 5897, zweiter: aqueullent 8347, 8351,
moille 6767. Vortonig: re-a-coilli 984, 1609, 1878, 2071, 2197,
2291, 5287, zweiter Cop. 6581. 7920, 8482, neben re-a-cuelli
532, 5200, zweiter Cop. 7313, 7579, 8169; malvoillance 1782,
vuellance 4158, — fuelles 8441, foillis 6327, 7425, I, 2365; ferner
bruel 6081, bruellet 2546, zweiter Cop. 6327, 6329, 6429, beim
zweiten Cop. auch: brullet (vgl. puent § 40) 6385, 6407, 6420.
Beide Copisten haben: orguillo(u)s 1414, 1869, 4176, 4178, II,
6899. Zu oils 3191, vgl. § 40.

Suffix-oriam giebt wie sonst oire: beim zweiten Verf. in weibl.
ǫ = Assonanz: gloire 7344; dann noch 7244, beim ersten Cop.
1838, 3031.

73. Betontes au + i giebt ǫi: noise (nausea), joie. — Lat.
paucum ist bei beiden Cop. consequent poi geschrieben. — Vor
dem Ton ebenso: joians: 3112, 2391 etc. II, 6574, 6727, 6863,
7621 noisier 8607 choisi 1608 etc. Das i in loigent 2058, 2069,
loiga 1979, loiges 2101 (loges 1483, II logier 7746, 8618)
möchte ich mir so entstanden denken, wie in aproichent § 44
(Apfelstedt, Lothr. Psalter, s. XXXV nennt es ein parasitisches).
In cloistre (claustrum) 8532 wurde i wol durch das folgende s
hervorgerufen, cf. nfr. cuistre (v. custor). In Joifroi (Galfredum)
60, 108, 892, 1693, 4187, 4191, 5056, 5115 scheint i para-
sitisch zu sein.

Vulglat. O (lat. ö, ú).

74. Betontes ǫ + Cons. + i (I) giebt oi; Beispiele nur bei
den Copisten ausser essoine (assonierend mit ǫ) 5882 (broigne
5884, besoingne 5890: auf ǫ reimend): 1) vor n: besoing 1128,
2000, besoign. 337, 1983, 1974, soing 791, 5284, soign 3474,
cointe 3486, 3740. Hierher gehören auch die Formen: doing
907, 4149, abandoins 5377, pardoins 8437, doinst 1513, 2113,
5142, doint, 478, II, 7607 (vgl. vois, estois, truis, pruis). 2) vor
ñ: besoingne (im Reim auf ǫ) 5890, 7508, broigne 1902, 2976,
2981, 3284, 5884 (reimt auf ǫ) poignent 6121, 6509, Borgoigne
789, II, 7658, Gascoingne (Vasconia) 7664. — Vortonig: poig-
nant 2514, 2598, 2572, 2603, 2630 etc.; 4559; 5919, II, 7752,
8664; 8, 7838, roignon (v. renio) 4174, coigniés (cuneatos), ro-
oignié 1416, 2922, 3043, 3997, II, 7573, resoignier 2592, 2834
5088. — 3) vor st: angoisse 6986; vortonig angoisseus 5959.

75. Vor einer gedeckten Gutturalis, die ein i abgiebt, entsteht oi: crois (im Reim) 2149, 5768, 6413, vois 6822; — bei
den Cop.: cognois 7510. — Auch wenn vor der Gutturalis noch
ein n stand: point 3576 etc. jointes 8443. — Vor dem Ton:
oi: connoissans 2323, od. i: reconisant 2399. Vor kl tritt Mouil-
lirung ein: genoil 2924, agenoille(nt) 1602, 1757, 5101, 5324.
Vortonig: agenoillier 2593, 5633; 627, verollier (veruculus 8589.

56. o wird durch nachfolgendes i umgelautet: zu ü: suis,

tuit, cuidler (cuit 4922) dui (beim zweiten Cop. neben dui 7022, 8577, auch doi: andoi 6978, 8577) puison 1104 cuivers (collibertus) findet sich beim ersten Cop. 13mal und 1mal cuvert 1264, der zweite hat cuvers 8133.

Lat. u.

77. ui ist regelrecht entstanden: 1) aus u + i: fuison (fusionem) 782, 3354, 3982, ruiste 4429, 4460, 4480. Umstellung des iu in ruissel 7494. Ein gelehrtes Wort ist confusion 3955. 2) aus u + c + Voc. reluisent 2060 reluise 6422, luist 4687 etc. 3) aus u + t + i: findet sich nur vortonig in amenuisier 2130, 3371. 4) aus u + G + Cons: destruire (destrug're) 1034, 1242, 1345 etc., luire 1170 etc. Vortonig auch ui in allen 4 Punkten: pluisor (plusiorem) 102, 1868, 2392, 2671, 3293; daneben plusor 2. conduisant 2498, reluisant 3241 etc, destruiant 1268. — 5159 finden wir ꝃ fuissiés, wo i wohl durch Einfluss des folgenden ss entstanden ist. — Statt des betonten Pron. lui finden wir beim zweiten Verf. öfter li: 6188, 6725, 6739, 7017, 7798, 7905, 8290, 8319, 8325, ebenso für celui: celi 6108. Im Versinnern nur li 8330 und celi 6518. Beim ersten Cop. fand ich nur celi 3301. Diese Vewechselung von lui und li findet sich schon im Rolandsliede: v. 9, Müller giebt in der Anmerk. seiner 3. Ausgabe noch einige Beispiele dazu: Rois (Quatre livres des Rois) s. 74: pur li salver. Foerster, zs. II, s. 167 will hier überall die betonte Form eingeführt wissen. Dies hält Stimming (Vorlesung über das Rolandslied, S. S. 1885) nicht für nötig, da jener Gebrauch (li st. lui) verbreiteter war als Foerster glaubt. Die zahlreichen Beispiele in unserem Denkmal zeigen dies schon. Nat. de Wailly constatiert li st. lui und celi st. celui in den Urkunden Joinville's (Bibl. de l'Éc. des Ch. B. 29, s. 349). Ein Schreiber des 14. Jahrh. brauchte die obl. Form (betont) sogar für den Nom. Auch in den Urkunden von Aire in Artois weist Nat. de Wailly (Bibl. de l'Éc. des Ch. B. 32, s. 297) einige Beispiele nach. In der Chrest. anc. fr. Leip. 1866, sp. 316 z. 6 pour celi qui mon •coeur a (sagt eine verliebte Dame) (aus d. 13. Jahrh.). Möglich ist aber auch, dass der zweite Verfasser lui schrieb und sprach, aber es mit i reimen liess. Die Betonung des ui schwankte im Altfrz. sehr. Suchier (zs, II, 269) führt einen Reim aus der zweiten

Hälfte des 12. Jahrh. an, Rom. du Mont-Saint-Michel s. 237:
lui: confundi und aus dem Ende des 13. Jahrh.: Floriant und
Florete: lui: Artu. Tobler: Dis dou vrai Amiel, s. XXIII weist
Reime v. ui: i bei Wace und Chrestien de Troies nach. Bei
Ruteboeuf immer ui: u (Metzke, Archiv 65, s. 69); bei Gautier
de Coincy aber: celui: ensélvi. — Wenn nun für den zweiten
Verf. die Sache (ob lui od. li etc.) unentschieden bleibt, so kannte
der zweite Copist aber bestimmt jene Formen, unbedenklich führte
er sie in die Reime ein, doch sind sie weder in seiner Sprache,
noch überhaupt sehr verbreitet gewesen.

Hiatus.

78. Zur Tilgung des Hialus bediente man sich eines i oder
h: joier 5625, 5644, caiens 4804, 7404, 7406, huier 2178; —
rahier 4521, esbahie 3681, Lohier (Lotharius) 752, Loherel 6513,
Pohier (Picarius, Scheler, Jean de Condé I, 609), 2131, 2167,
3366, 5411, 6351, 6889, 7397, 7481, (Poiers 2214). — Der Hiatus ist verschwunden durch Ausfall des vortonigen Vokals in
eslecier 7557.

2. Im Consonantismus.

L.

79. Geecktes L vocalisirt sich am frühesten vor a: Reime
auf au sind nicht vorhanden. Neben unzähligen Fällen, wo für
al au geschrieben ist, finden sich, besonders beim ersten Cop.
einige mit al: maldit 1137, 1909, malfé 888, (maudis 3550,
maudie 3514) loialment 4269 (mit au: 2195, 2653). Das
l ist hier rein ortographisch, der Copist sprach also auch
vaut (valt geschr.) 4689, vaura (st valra) 1323, 2386, 5006
etc., ebenso chevaus 1382, 3208, vasau(l)s. 1153, 2838, 3218 etc.
Der zweite Copist schreibt hier auch überall au: chevax 6433,
6436, 6633, 8840 etc., max 6608, 8410, senechax 7051, 7055,
7682, vassax 7145, vaut 7203 etc. au (= al) vor folgend. Cons.
l, 5959, zweiter Cop. 8186, 8257, 8630. — l fällt nach a aus
in as (= a les); dies bei beiden Cop. consequent durchgeführt.

Bei o ist es nicht so sicher, ob l zu u wurde oder ausfiel, wir‧
finden coutel 1149, 4824, 4849 etc., tout (tolit) 668, 6107, fox
3238, 3938, cox 614, 4228, aber cols 15 mal, 16 mal colp. Das
Verbum lautet nur colper, einmal copé 4438. Ferner schreibt

der erste Copist sodoiers 1332, 4123, milsoldor 4127. soldoier
1112, soldee 3638, voltis 5213, 5450; — dann voux 1858 und
vox 1862, aber immer vost (= volsit) vossent, (einmal vot 4616),
vossisse (volsist 310, 2185) volssisent 5123. Ausser vost und
vossent darf man für die übrigen wohl die einheitliche Aussprache
ou annehmen, so dass die Schreibungen mit ol od. blossem o
rein ortographische Abweichungen sind. — Der zweite Copist
schreibt immer coper (in seinen verschiedenen Formen) und cop,
ebenso votis 6736, 7799, 8188, 8264; dagegen ebenso consequent
die Perfect- und Futurformen von voloir mit au, sowie saudoier:
§ 42. Ferner schreibt er immer molt s. Einl. LXXXVII. —
Hier sei auch noch erwähnt chevos 949, chevox 4511, 4844,
chevols 2635, wo dem o ein gehemmtes i zu Grunde liegt, (capillos). Auch dieses Wort sprach der erste Cop. mit ou; ebenso
o + l (beim ersten und zweiten Cop.) = ou: couchier 7237,
escoutes 6444, 7243, 8047, dous 6700, 6870, 7151, 7277, caillox
8710. Bemerkenswert ist noch bei dem ersten Cop. neben sehr
zahlreichem couchier und estoutie: cochier 5129 nnd estotie 5280.
Nach u fällt l immer aus: immer nus; cf. Cliges LXIX: nuls:
plus; beim zweiten Cop. einmal nuns 6375.

89. Nach e und i fällt gedecktes l (ĺ) bei dem zweiten, resp.
beiden Verfassern aus. Der erste zeigt in den es-Tiraden kein
Beispiel für e, der zweite: mortes 6650, ostes 5811. — Nach i:
1. fis (vom Cop. fix geschr.) 2077, 2515, gentis 80, 372, 2837,
3840, 3216, 3605, 4224, 4264, 4740, 5202. — Zweiter Cop. fis
7070, 7803, 8143, 8335. 8452, 8477, jantis 7000, 7055, 7059,
7077, 7411, 7926, 8232, 8341. — Der erste Copist schreibt immer
fix, gentix, auch qex (qes 4396, 4411, 4527). viex 2253, 3444,
4485, 5462, (viés 2228 kommt von vĕtus), tex (telx 1210 tels
1596), ostex, mortex 3872, miex. Schreibungen wie gentils 1119,
1339, 1841, 3575, 4946, 5716, 5732 sind rein ortographisch, weil
ls = us. — Der zweite Copist kennt beides, er lässt l bald
ausfallen, bald sich zu u vocalisiren: tes 8248, (tex 26, 43, 6748,
6788, 8233), charnes 7802, fis 8004, 8090, 8221, 8463 (fix 7214,
7388, 7604, 7779 etc.), vité 8117, sehr oft jantix, vgl. dazu Rom.
Forsch. II, p. 612 z. 6 und p. 616. Beide Copisten schreiben
consequent es (= els, en les). —

80a. l wird im Innern des Wortes beim ersten Cop. nie

verdoppelt, beim zweiten immer: elle 50, 6437, 6862 etc. belle 24, 7557, 7592 etc., mollier 24 etc. apelle 54, 6624, 6953. 6992 etc. (22 mal gegen 2 mal. apele 7068, 8266) chevallier 36, 42, 7363 etc. (nur 3 mal mit l: 6800, 8330, 8454) ebenso quelle, pucelle, nulle, valles etc. mille, ville, illuec, tollir 8383. Schluss-l wird vom zweiten Cop. häufig verdoppelt, wenn das folgende Wort mit einem Vocal beginnt: cillautre 4, quillat 28, illest 6351 etc. E. s. LXXXVII; bei folgendem Conson. verstummte l, der Cop. schreibt es daher auch nicht in nanni 7465, 7947.

81. Mouillirtes l (:ĩ) entsteht wie gewöhnlich aus l + i + Voc. u. Gutt + l; im Inlaut steht gewöhnlich ill, zuweilen auch il: bataile 2491, vaile 728, vailant 4419, 6064, essilier 2108, milor 2448, meilor 2688 pavilion 4871 (pavillons 2035). — Im Auslaut: a) ll: concell 1154, 6199, solell 695, vgl. § 60 anm., fill 846, 1820, 3306. Ebenso findet sich gentill 849, 3613, 5708 geschrieben, von dem man gewöhnlich kein mouillirtes l annimmt, doch muss in älterer Zeit eine mouillirte Aussprache existiert haben, denn sie findet sich noch im neufrz. gentilhomme, ausserdem hat sie jedenfalls den Uebergang zum Verstummen des l gebildet (nfr. gentil; outil vielleicht ebenso zu erklären?). In den oben angeführten Beispielen findet sich gentill zweimal (849, 3613) in Verbindung mit u. vor home, u. 5708 als Reimwort unter i-Assonanzen. — b) lg: sollelg 5228, concelg 740, mervelg 978, filg 379, 963, 1054, 1137, 1145. — Gewöhnlich wird in unserem Denkmal i vor l ausgelassen; selten nach a: asalles 8702, asallent 6672; oft nach o: agenollier 2593, 5638 (agenolle 1602) verollier 8589 acolli 1154, mollie 3494, immer nach ue: vuellans 2336, vuellance 4158, bruel u. bruellet, fuelles, oel, recuelli etc. in § 71, vuell 4913. Dann immer nach e: conseillier, concel, solel, mervelles, vellier, vermel u. orelle: § 68. —

Mouill. l vor s fällt aus bei beiden Verf.: § 80; es vocalisiert sich ausser in den § 80 angegebenen Fällen, immer beim ersten Cop.: diex, orgiex etc. § 40 vermaus, consaus: § 68; ebenso beim zweiten Cop: § 40, 68. —

82. l + r behält der erste Cop. (in den allermeisten Fällen) bei: unter 35 Beispielen nur vorra 5066, vorent 5393. Es hat diese Erscheinung grosse Aehnlichkeit mit der, wo n r (91)neben einander bestehen bleibt, ohne dass, wie sonst, ein Hilfsbuchstabe

dazwischen geschoben wird. — Der zweite Cop. lässt das l vor r sich vocalisiren: § 42.

82a. l + f = ff: maffet 6506, 6643, 6965.

83. Nachtoniges l ist wie sonst zu r geworden in: apostre 693, 3965, 4057, 4872, 5827, II 7347, 7407, 8252. Ferner unter dem Ton, vor einem m: erme = elme 472; vgl. corpe (= colpe): 7010 Dieu moie corpe u. 8444 Bati sa corpe; dieselbe Form (corpe) in Guerre de Metz, str. 268, z. 7; dageg. coupe im Mis. du Renclus, str. 62, z. 3 u. str. 115, z. 10.

85. L. ist durch Dissimilation ausgestossen in afoibloier 3026, 4680. — Das i für l in giorious 3125 ist wol nur ein Schreib- oder Lesefehler.

R.

86. Umstellung des r in: troblent 4522, quernu (f. crenu) 4378, burni (d. brunjan) 3526, haubrigier 6936: aber pormener 3406.

86a. Ein r der vorhergehenden Silbe entwickelt eins in der nächsten: tristre 4339, (triste 6276). — Wechsel von r zu l (wie erme corpe § 83) in elmin (= ermin) 1554. Dieses l vocalisierte sich vor einem Cons. zu u in aubalestrier 8538, aubres 1299, (haubres) 6218, (im Glossar verdruckt).

86b. r hat einem l Platz gemacht. 1) Durch Dissimilation: contraloiés 3977, 4016, pelerin 7284, 7416, 7432, 7526, plevir (praebere) 4578, flairier (fragrare) 1494. 2) durch Assimilation in Ollenois (Orlenois = Aurelane(n)sis) 736. 3) in temple (tempora) 4834.

87. r ist im Inlaut verstummt und ausgefallen: herbigier 6297, 7301, 8110, 8125; hier sowohl wie in den folgenden wirkte Dissimilation: penre 3761, (auch prendre 1862, 2280, 3731, 3958, 4244, 5710). Der zweite Copist panre 7372, 8549, panrai 7517, severa (Futur v. sevrer) 4488, kann auch für severra stehn, cf. Einl. LXXXII), porpaler 3003, orde (ordre) 7340.

87a. r findet sich beim zweiten Cop. oft hinter ie (= ę) eingeschoben: iers (= es) 6858, 6916, 6962, 6963, 7690, 7691, 7696, 7926, 8089, niers 6724, 7125, 7127, 7151, 7569, 7575, 7762, 7951, 7988, 8596, 8647, 8692. Poitiers 8347, sierge 6443, fiers 7390, (v. foedum, fié 7398). Der erste Cop. hat nur estrier. — P. Meyer (Rom. VI, 44) führt aus einem burgund. Ms. noch einige Formen an und sagt, dass dieses r dazu diente, die Silbe zu verlängern, aber stumm sei. Dies ist mir nicht verständlich, wie man, um fürs Auge d. Silbe zu verlängern, in verschiedenen Gegenden übereinstimmend einen so tönenden Cons. wie r einschieben konnte. Die zahlreichen Beispiele, die Meyer selbst noch anführt, ebenso Suchier (zs. I, 430) und Foerster (Aiol, anmerk. zu v. 890 und Yzopet s. XXXVI) machen es wahrscheinlich, dass das r auch für das Ohr die Silbe verlängern sollte, wie in estrier st. estrie, (bei Meyer a. a. O.) Bartelemier st. Bartelemieu, Mathier (v. Mathaeus) Andrier, pressiours (st. pressious) orguillors (st. orguillos) etc. Jedenfalls ist hier überall falsche Analogie im Spiele gewesen, oder Saffixvertauschung, wie in vergier f. vergié requier f. requié (Yzopet XXXVI). Uber den euphon. Wert des r vgl. noch Mussafia, zs. f. österr. Gymn. 1877, s. 203. Bemerkenswert is auch, dass solche Formen mit r (ausser estrier, Poitier) bes. in nordöstl. und östl. Texten bemerkt worden sind, (Aiol, Durmart li Galois, Dial. Greg. Sermo de Sapientia, Lyoner Yzopet, burg. Ms., Gir. de Rossillon (cler st. clef),

87b. Die Verdoppelung des r ist bei beiden Cop. sehr unregelmässig. Der erste hat neben fast alleinigem terre (tere 1094) gewöhnlich guere, ferner Aras, biere, piere. Der zweite dagegen Arras, bierre, pierre (6575, 7586, 7590 etc,, 8343, 8485, 8501 etc., 8710), aber wieder guere 7209. guerier 7761, (guerrier 8558). Der erste Copist schreibt fast immer auferrant (ausser 2415, 2485, 3310, 8 mal: rr), dagegen die Futurformen oft mit einfachem r: chara 3874, morai 5083, moras 5276; 4772; 5201, orez 1135, 1637, verez 1346, verai 1753, gara 5501; 2734, dura 5183, poront 4579, pores 404, 3010, 3479 etc. Daneben und ebenso oft mit rr. Der zweite Cop. schreibt sowohl auferrant wie jene Futurformen immer mit rr, ausserdem noch repairrier 7114, ocirre 8010, ocirrent 6751, norrit 6341, 6454, 7605, 8145, (norir 6280, 7616), Guerri 8405, immer correcier, Sarrasins, arrabis, guerredoner 7977, marris 6309, 6401, 6523 etc.

M.

88. Die latein. Consonantenverbindung mn ist durch Assimilation zu mm und dann zu m geworden: feme (fame), ome (homme beim ersten Cop. häufig: 900, 1641, 2564, 2739, 4059, 4405 etc.), dame; vor t oder s wurde dieses m zu n: dant (dans), wo t jedoch etymologisch nicht berechtigt ist. — Auffällig ist bei

dem zweiten Cop. die consequente Schreibung mit n vor einem
Cons., sogar vor m: sonmes 7094, 7608, 7952, 8290, volonmes,
avonmes (§ 13) conmence 6372, 7171, 7256, 7402 etc., fenme
8324, (femme 6584, 7559, 8251, weil fame gespr.), conme 7370,
(comme 7307), conment 6548, 7641, conmendement 7649, 8102,
8139, 8187, enmener ronpre 7995, onbre 6544, immer (re) sanbler
6744, 7167, 7168 etc., chanp 7897, 8558 etc. Diese Schreibung
hat offenbar den Zweck, die Nasalirung des vorhergehenden Vo-
cals anzuzeigen. Nom, hom und com werden daher regelmässig
vor s oder am Ende des Verses mit n geschrieben; dagegen vor
einem Vocal mit m: nomes 7726, om a 7407, (Mahom et 7959,
8054, Mahon + Cons. 7674, 7928, 8094), com 6519, 6884,
7620, 7763. Ganz anders verhält sich hierzu der erste Cop.,
er behält nicht nur zum grössten Teil das etymologisch geforderte
m bei, sondern er schreibt vor m und p auch statt des ursprüngl.
n ein m: tam (= tant) poing 4042, em (= en) 380, 560, 1662,
2815, 4233, 4665, 5122, vor m: 544, 590, 1202, 1234, 1584,
2264; im Reime auf on schreibt er oft hom: § 41.

89. In die Consonantengruppe ml und mr ist, wie gewöhnlich, ein euphonisches b eingeschoben: sanble (§ 36 und 88),
chanbre 655, 1103. Zwischen mn: p: solempnité 1571. Durch
Dissimilation wurde m zu b: marbre 1593, marberin 6545.

N.

90 Palatales n entsteht wie gemeinfrz. aus n, ng, n (d) +
i + Voc., gn. Dieses ñ wird beim ersten Cop. meistens durch
gn, beim zweiten durch ngn ausgedrückt: § 59 und 74. — Bis-
weilen wird beim ersten Cop. dieses ñ vor i durch n dargestellt:
meheniés (v. mehaignier 4678) 4673, sainier (signare) 3379, (sai-
gner: 36a), esparnier (espargnier 4616, 4841, 5063, 5068) 2912,
3149. — Der palatale Laut ist ganz aufgegeben in asené (ad-
signatum) 3750, aus den von Foerster (zs. II, 167) angeführten
Gründen glaube ich, dass die Verfasser rené gesprochen haben
statt regné, wie die Copisten immer schreiben: 377, 7698, 7656,
vgl. hierzu die Ausführungen Pohls in Rom. Forsch, II, p. 597.
Umgekehrt ist n palatisirt in moingnes 7316, dies geschah zuweilen
nach i, (oder durch Ausfall eines s vor n): Lyoner Yzopet § 90.
So vielleicht ñ in gregnon 6783, figna 6340, 6543. Sollte dies

auch der Fall sein in cognois 7510, cognust 6302, 7683; 6496,
7105, 7375, 7486, 7489? Die Frage ist wohl zu verneinen, es
ist dieses gn jedenfalls eine Spur von der bes. im 14. Jahrh.
stark auftretenden Tendenz, etymologisch zu schreiben, cf. Jahrb.
VIII, s. 30. Beim ersten Cop. ist nur viegnent 6033 anzuführen.
gn statt ng ein mal in desregne (f. desrenge) 6426, (2380 desrengent).

91. Nr bleibt unverändert, es wird kein d eingeschoben:
venredi 1142, (devenres 1571), tenre 1505, 3691, tenrement 3382,
II tanrement 6766, li menres 2076, (mendres 2077), semonre
405, remanra 1292, 5726, 5809, 6145, remanres 4304; die Futur-
und Conditionalformen von venir: venra 5112, 5880, 6211 (re)
venront 5811, 6210, II devanrai 8247; 6825; — venroit 1084, 5718,
5722. — Ebenso tenrai 4008, 4556, 5023; 5005; 127, 2052, 2075,
5608; 4657, 4875, 4984; 737 tenroit 5593. In derselben Weise die
Futur- und Conditionalformen von doner und mener: donrai 2284,
2928, 3070, 5871; 764, 776, 2123, donroie 4640, 6001, II 6538,
6734, 6926, 7681, 8275; 6323, 7609; 6432; 7225, 8037, menrai 1775, 6053, 6248, II 7464, 8158; 7550; 7278, manroie
7338. Der zweite Cop. ausserdem noch: genre (= gendre) 6721,
engenret (Part.) 8004, 8066, 8204, 8508. — Ausnahmen giebt
es sehr wenige, ausser dem oben erwähnten mendres, noch tendra
2884, maintendroit 5781, revendrois 6790; einmal sogar statt
organischem ndr: nr: vanras (vendras) 6865.

92. N ist zu r geworden durch Dissimilation in: arme 1512,
2561, 3156, 4882, 5857, II 6643, 6772, 8446, 8653, daneben
ame 2924, ordre 7339, (aber ordenée' 3274) (dafür orde cf. 87)
damredieu (beim zweiten Cop., der erste hat damerdieus): § 41.

92a. N hat sich dem f assimilirt in effant, welches die bei
weitem häufigste Form beim ersten Cop. ist, enfant nur 62, 78,
81, 83, 124, 347, 515, 2719, 4418. Die Form enffans 3938
scheint zu beweisen, dass n nur graphischen Wert hatte, und dass
der Copist immer effant sprach, aber ebenso regelmässig schrieb
und sprach er énfes 125, 305, 353, 956, 1460 etc., da hier die
erste Silbe betont war. — Der zweite Copist hat nur en- od. anfant: 39, 45, 6609, 6613, 7113, 7212, 7291 etc.

93. N wird eingeschoben in ensi (immer beim ersten Cop.
u. ensement 3548). Der zweite Cop. hat durchweg ainsis. — anste
(sofern es nach Foerster von hasta kommt) 2510, 2882, 2910,

2957, 2977 etc., II 6637, 7755. — Wir finden dann beim zweiten
Cop. : nuns (= nus, nuls) 6375 und prinrent (= prirent) 7092,
vgl. noch Foerster, Chev. as II, epees, s. L (prinse, print, prin-
sent), Lothr. Psalter s. XL, Guerre Metz s. 443.

94. Vor Contonanten fiel n gewöhnlich aus: mostier (mou-
stier 80, 3138, 6036), mostre 1342, 3967, 5844, 4215, (auch
monstrer 852), tourt (Conj. v. torner) 798, desrout 660, couvine
2159, der zweite Cop. allerdings convinne 7446, 7471, aber es
kann auch couvinne heissen: vgl. Einl. s. LXXXVII, espouser
(schon vulglat. spōsus) immer ohne n. Schwanken bei couvent
(650, 733, 796, 907, 1456, 3813, 4593 etc.), daneben auch
convent 123, ebenso convenant 2665, 4410, (covenant 4281,
covint (häufig) neben convint 3570, 3740. — Der zweite Cop.
hat immer mostier, aber auch immer monstrer: 7622, 7763, 7854,
7985, 8020, 8206, 8463, ebenso fast nur convient und convint
(covant 8157, 8342); convinne schon oben erwähnt. Eine Eigentümlichkeit, bes. des ersten Cop., in der Endung der 3. p. pl.,
wenn diese nicht betont ist, das n auszulassen, wird bespr. in
d. Einl. LXXXI.

95. Wo einfach n zu Grunde liegt, beibt es der Regel nach
beim ersten Cop.; doch daneben, bes. nach o vorwiegend doppeltes
n, immer onnor, (nur 3 mal onor 764, 1674, 4918), fast immer
mit nn die Formen von donner (done 365, 1382; 1004, 1024,
5335 etc., conneu 3331, connut 1818, gonnele 1757, 4688, sonne
1806, sonneret 1280, sonné 5099, neben bonne auch bone 5325,
4335, 4510, 4354, 5010), honni 670, 746, 825, 979, 1000,
3197, 4583, 4584, 4888, 6200, nonnains 1241, 1542, 1300,
1574, 1910, 2196, 2244, (nonains 1480, 1490, 2023), pauton-
nier 1400, 6042, confanonnier 1039, (confanonier 2718), sablonnier
2925, folonnie 1893, 4903 etc. Nach u nur in unne 3542;
nach i öfter nn: painne 498, (paine 97, 315), avainne 1358,
amainne 3817, 2078, (ámaine 2138). Der zweite Copist dagegen
schreibt einfaches n nach o: so alle Formen von doner, honorer,
ferner sonent 6679 etc, (sonnant 8399, 8684), corone 8217;
fast immer nn nach e, i: pennés 8055, (penes 7721), hennir 6437,
Orquennie 8194, (aber vienent 8267, 8579, 8626), painne 7078,
7687, 7811, 8164, mainne 6268, 6524, 7111, 7292, 8146,
8178, Sainne 6492, immer fontainne (8 mal, fontaine 7271, 7278),

convinne 7446, 7471, alainne 8508, quinsainne 8521. Nach u:
unne 6259. Apfelstedt (Lothr. Psalter s. XL) sieht in diesem
nn ein ñ, was Neuburgund Regel ist, ct. moingnes und viegnent:
§ 90. — Schreibungen wie taign, taig (§ 23a) pregn (§ 25a) besoign, soign (§ 74) sollen nach Mebes (Die Nasalität im Altfrz.,
Jahrb. N. F. 2, s. 385 ff) dafür sprechen, dass auslautendes und
complicirtes n wie das mouillirte n in Espagne gesprochen
wurden. Diese Behauptung ist richtig, wenn die von Mebes auf-
gestellte Umschreibung des mouillirt. n-Lautes die richtige ist, nach
ihm ist ñ == ng + einem kurz gesprochenem i.

T.

96. Der zweite Copist behält sehr oft das etymologische t
im Part. P. bei: oït 6381, vëut 6668, servit 7034 etc. Daneben
auch Fälle, wo dieses t etymologisch nicht berechtigt ist: Savarit (Sava-
ricum) 8104, ausit 8354, matinet 6412, 7396 8295, 8358, 8530 etc.
Aus diesen Beispielen ersieht man, dass auch in denen mit etymolog. t das t stumm war; cf. Einl. s. LXXXIX. Nach n, r,
s verstummte ebenfalls auslautendes t, beim ersten Cop.: tan 2090,
2551, 4040, daher einmal tam 4042, pren 1760, 1782, aten
2625, je per (v. perdre 2369, 6002, ver (t) 476, 5567. Unberechtigt steht t in iert (hëri) 3633, etymologisierende Schreibung
in ent (inde) 1341, 2303. 2319, 3962, 5332 (es findet sich so
geschr. vor Vocalen und Consonanten). — Bei beiden verstummte
Schluss-t in ces (== cest) 4769, II 8122, 8645, cis (== cist)
476, 3957, 4022, 4333, 4489, 5578, 5930, (4334, 4489, sogar
ci(s),) II 819, 6772, 6826, 6898, 7365. Der zweite Copist
schreibt Schluss-t nicht in fier(t) 7874, avan(t) 7515, sain(t):
von den 35 Fällen, in denen t v. saint fortgelassen wird, kommen
29 auf Saint Quentin, ausserdem noch Sain Cloot 6326, 6353
und Sain Gile 6672, 8096, 8115, 8723. Saint Quentin finden
wir nur noch in v. 6275, 6342, 8237. Durch etymologisirende
Schreibung wurde t eingeschoben in tantdis (tamdiu) 7523.

97. Auslautendes t + s scheint bei beiden Verfassern s zu
ergeben. Die Beweise hierfür sind beim ersten Verf. nicht zu
zahlreich: Zu der as-Tirade das noch zweifelhafte mas 1371; in
den vielen ez-Tiraden remez 5487, das nur remes lauten kann,
mehr Beispiele in den is-Tiraden: pis (pectus) 2531, petis 2798,

(petiz 1873) eslis (exlectus) 5185, fis (fidus) 3870, 5527, aatiz
(vom Cop. so geschrieben) 4737. Zu der us-Tirade, wo alle Endungen = ut + s sind, wird us gesichert durch Jhesus 3904.
In einer os-Tir. (117) finden wir mos (= mot + s) und os
(= ost + s). Beim zweiten Verf. können wir ts = s annehmen,
da der zweite Copist diese Schreibung consequent zeigt. Der erste Copist giebt dieses ts bald durch z, bald durch s wieder. Die Tiraden
auf iés sind durchweg mit s im Auslaut geschrieben.. Fast regelmässig aber schreibt er z in den es-Tiraden. Doch ist mit Wahr-
scheinlichkeit anzunehmen, dass er nicht mehr ez aussprach, sondern es, denn wir finden bei ihm das z an Stellen, wo es garnicht
berechtigt ist: remez 5487, faiz (= fais) 1305, doiz (debeo) 5640,
feïz (feïs im Reim 2797), 2802, 5941 etc., hastiz (hast + ivus)
1228. — Für sts: s: os (im Reim) 2382, zweiter Cop. 7805, 8572,
8597, ces (= cests) 3197, 4168, ses 2799, II, 7084.

97a. t + r = rr: errer 1161, 1573, 6063 etc., II 6630,
erranment 47, 5356, 6835, 8667, eranment (wo das doppelte r
in der Schrift vereinfacht erscheint) 7292, larron 6287.

97 b. Die merkwürdige Erscheinung, dass intervoc. d (t)
zu r wird, wird in unserem Denkmal vertreten durch mire (me
dicum) cf. § 62. Eine Erklärung derselben versuchte Tobler-
Rom II, 241 – 44. G. Paris, Rom VI, 129 und Havet, Rom.
VI, 254 f. Letzterer scheint mir das Richtige getroffen zu haben:
d = dh (ð) = r. Im 2. Teil haben wir noch die Form mit
ausgefallenem r: mie (cf. § 62), vgl. zs. III, p. 477.

S.

98. Lat. s. und c (t)-i-Voc., also auch die Combination sc
geben im Frz. I ein und denselben stimmlosen s-Laut. Derselbe
wird aber in unserem Denkmal veschieden dargestellt:

a. im Anlaut.

1) Vereinzelt durch s (sonst c): erster Cop.: sa (= ca)
1985, ses (= ces) 2799, si (= ci) 5071, se (= ce) 1851, 5068,
sox (= cels) 4163, 4171, 5121, 5513. 5541, 5887, 6101, siax
817, seler (celer) 5579, siel (ciel) 3127. Zweiter Cop.: se 7213,
7410, 7465, 8030, 8227, sel 6329, sil (cil) 6464, si 5642, saiens
7404, 7406. saint 6938 (caint). 2) durch c (dieses schon häufiger,

sonst s): erster Copist ces (= ses) fast immer: 156, 335. 556,
719, 818, 949 etc., ce (= se, pron. refl.) 1221, 1453, 1566,
1723, 1996, 2354 etc., ci (si, pron. poss.) 4127, ci (= si, conj.)
2010, 2878, ce (= se, Conj.) 734, 797, 1090, 1158, 1257,
1417, 2264 etc., ciens 1321, cerai (= serai) 5194, cers (= serfs)
1193, 5691, cens (= sens) 1205, 1378, 1696, 3192, 4633,
4905, cele (= sella) 141, 500, 1007, 1179, 1773, 2300, 3410,
3483 etc. Zweiter Cop. ces 6266, 6824, 6847, 6849, 6880,
6895 etc., (ses nur 6583, 6887, 7398, 8190, 8365, 8477, 8556);
ebenso häufig ce (pron. u. conj), ci (pron,) 8452, 8524, ci (conj.)
6546, 6567, 8066, 8687.

b. im Inlaut.

1) Zwischen Vocalen: α) durch ss: abaissié 1721, conoissans
etc., zweiter Cop. issi 6264, contesse 6688, 7647, 8391, 8451,
prioresse 7401, proesse 6770. β) durch sc: manascent 1416,
descaignent 1546, redresce 3695, 5235, (redrese 3682) forteresce
3624, 4124, escera 1077, 4263, (essera 3220, 4018 etc.), con-
tesce 5251, essauscier 1125, (sorhaucier 1127. 3024, sorhauchier
1082), proesce 1378, 4224 etc. Zweiter Cop. escillet 7008),
7665, 7931, desci 6493, 6517, 6543, 7818, 7854, 8349, escil
8717, lasce 6937, 6943 (= lacer), leescier 7112: γ) durch c (neben
s): petitece 380, 5778, chauces 4318, fauce 2960, 3972, face-
(nt) 928, 4158 etc., groces 4227, foces 1432, (fosé 1435) (corcier 1363, 2275, 3063 gehört zu No. 2), zweiter Cop. chauces
7101, faucer 6970 etc. — 2) nach Consonanten: durch c: corcier
(s. oben) arces 1574, 1646, 1738, 1747, 1888, 2017 etc., II
7713, despencier 1920, 4859, chançon 2041, 2448, arcons 640,
(arson 3975). Der zweite Copist hat: chançon 12, 13, 7653,
8263, forcener 6378, 8503, immer conciller: 6274, 7890 etc,
(§ 68), porcive 7654, ancement 8677, pencent 6406, 6952, pencer
7976, 8022, 8028, 8033, 8431, pences 7549, pencif 6563, —
oder s: acordanse 1746, raenson 4069, (raencon 4173), concel 1091,
1520, der erste Copist immer conseiller, tronson 4453, commensaille 5923, garsons 4165, (garcon 3988), Barselone 790 etc.
Zweiter Cop. ensainte 8124, ainsois 7719, (sonst immer mit c),
commensa 7256, 7548, 8173 etc., etc.

c. im Auslaut.

1) Nach Conson. durch c: sanc (= sens) 6623, 8644, (vgl.
Ausg. Glossar). 2) Nach Vocalen, durch z: faiz, feiz: § 97.
II. Stimmhaftes s wird vom ersten Cop. durch s und z wiedergegeben, doch hat s den Vorzug, in gewissen Worten (von Eigen-
namen stammend) schwankt er zwischen beidem, so finden wir:
Cambrezin 107, Cambrezis 519, 561, 2458, 2526, Cambrizis
371, 533, 646, 657, 714, 807, 2521 etc., Sarrazin 472, 476
etc., bezant 683, parizis 2648, 5537 etc., palazin 104, jazerant
3706, 4041, 4050 etc., doch auch: Cambrisis 1585, 2242, 2657,
2796, 2808, 3588, 3606, 3850 etc., Cambresi(s) 1216, 1524,
1606, 2082 etc., besant 914, 3717, 4069, parisi 1618 etc., pa-
lasin 1599, 1502, jaserois 2136. — Von anderen Worten kommt
vereinzelt mit z vor: nazel 483, 4086, (nasel 4546), blazon 2508,
3971, (blason 2959), refuzer 3069, (refuse 1779 etc.) — Beim
zweiten Cop. habe ich diese Vertauschung von s und z nicht gefunden. Im Allgemeinen aber herrscht bei beiden Copisten, wie
wir gesehen haben, eine grosse Willkür in der Darstellung des
s-Lautes. Dies zeigt sich auch noch darin, dass bes. vom ersten
Cop. mit Vorliebe s geschrieben wird, wo ss stehn müsste: mese
3718, 3808, 6071, (messe 3250, 4223), mesires 1382, 1537, mesaiges 2377, 5815, vasal 1960, 2054 etc., (vassal 2317), pase-
rent 3881, pasé 3779, 3783, eusiés 4572, 3333, 3642, 5780;
1421, peüse 6176; 664, fuse 1203, 4732, 5228, 5651, 5762,
isent 4839, deüse 2952; 5227; 6238, laisa 2062, 3194; 307;
2473 etc., Soison 5895, (Soisson 2036, 5892, 6017), felonese
3677, laisier 5250, richese 1690, abeese 1457, isi 6104, redrese
3310, mesaiges 5627, 5651, 5655, 5657 etc., maisele 3487 etc.
Beim zweiten Cop. habe ich diese ortograph. Eigentümlichkeit
nicht gefunden, doch schreibt er s für c in resoit 8447, resut
8442, forse 8654. Umgekehrt finden wir vereinzelt ss für s:
saissi 2963, baissier (baisier) 2550, taissent 6192, loissor 4125;
beim zweiten Cop. poisse (poise) 7460, baissie 8195.

98a. s + f = ff: effrois 3392, 3393, 5512, 5516, (esfrois
711, 2455, 2476), deffendant 5976, 6528, 8340, 8709, wo ff
= s + f und dieses s eingeschoben ist, desfendre 929, 1297,
1391; überhaupt nur in dieser Gestalt beim ersten Copisten, der
zweite hat ausser 6458 immer die Form mit ff. — Efforciement

6847, (esforce 7342), meffais 8078, deffier 8320, effraée 8495.
Ebenso s + r = rr: erragier 1474, 3028, 3554, 4003, 4218,
4664, 4681, (esragier 1086, 3993, II, 7866).

99. Der Buchstabe x findet in unserem Denkmal nur Ver-
wendung als graphisches Zeichen für us: clox 511, vox 1862,
prex 3441 etc. Zuweilen hat der Copist, nachdem er schon u
geschrieben, dies vergessen und dann noch ein x dahintergesetzt:
oux 940, 2432, 5550, biaux 1006, voux 1858 etc. x = lat.
ks wird zu s (ss): Saisnes 2740, eslais 2572, mais(s)el 2765,
paisson (paxum) 1398, bois 6355, 7425.

101. Zwischen s und r wird kein t eingeschoben, man liess
vielmehr das r ausfallen und erhielt so: fisent 57, 1254, 1390,
1454, 2101, 3501, 3543, 4495, 4765, 5130, 5431, (fissent 3476,
3542), prisent 58, 311, 575, 1289, 1402, 1924, 2095, 2096,
misent 1496. — Sonst ist nach franz. Art zwischen s und r ein
t eingeschoben: acroistre 4538, II 7390 etc., estre 1762, 1890
etc., II, 6397, 7233, 8605. — Wegen des manchmal dazwischen
eingeschalteten e vgl. I B 8.

102. Inlautendes s vor Consonanten ist verstummt und daher
oft auch nicht geschrieben: hatis 815, 834, (hastiz 1228) hante
3821, graile 5099, (graisle, gracilem 2474), prit 5135, art 1525,
am Ende hinter Conson.: ver (enver) 1502, 2205, 2316, 2717,
2749, 2849, 3837, flor (im cas. obl. pl.) 2696, feron 6774,
6787, saluon 6288, diron 6282, donon 6757, cor (s) 38; hinter
Vocalen: crucifi 1139, tapi (dessen s wie auch beim vorigen
Worte stammhaft ist) 1615, onque 7467. Daher s oft unberechtigt
eingeschoben: erster Cop. hat resne 2679, 4202, cisnes 1560,
(der zweite cine 7251), desfendre 929, 1297, 1391, vgl. § 98a;
zweiter Cop.: respasser 8058, aïst 6364, 6478, 6483, 7127, 7344,
8062, 8425, (der erste Copist immer aït), chaslaingier 7745,
8581, 8606, 8617, mestre 8127, 8566 etc., envoslespe 46, dust
7135, ostroiier 6354, 6365, 8127 etc., pasmier 7365, 7404, 7459,
prospice 6389, sosmiers 6926, 8084 etc. — Oft wird den ersten
pers. sg. ein s angefügt: beim ersten Cop. nur je fus 2647, (sonst
immer fui); der zweite Copist thut es oft: vis (vidi) 24, 6909,
6910 etc., prois (v. proier) 7151, fuis 7061, dis (Imper.) 6288,
7463, pos (poi + s) 8134, os (= oi + s) 7266, ostrois (2 mal nicht-
etymolog. s) 6700, 6814, dois 6359, 7891, vois (video) 6904, 6919.

K. Qu.

103. Diese beiden Buchstaben hatten afrz. denselben Laut. Vor a im Anlaut und hinter Consonanten im Inlaut ist k zu ch geworden. Hiervon weicht nur ab: cose 1496; ebenso cascuns 5046, welches in Betreff des anlautenden k-Lautes genau das Verhalten der oben bezeichneten Gruppe zeigt. Umgekehrt ist, wo k gesprochen wird, ch geschrieben: revischus 3906, venchus 2777, 4488 vainchue 1215. — Statt des üblichen ch finden wir ġ in diemainge 7173, saige (= saiche) 7311. ¡Umgekehrt beim ersten Cop. statt des ġ: ch: charchier 3573, 4535. Dieser Wechsel zwischen ġ u. ch scheint sehr verbreitet gewesen zu sein: in der Sprache Joinville's (Bibl. de l'Éc. des Ch. B 29, s. 428), wie auch in der Ile-de-France; Ruteboeuf u. G. de Coincy bieten Reime mit charche (charge) domaiche (domage), venche (venge): cf. Metzke, Archiv 65, s. 82. Intervocales k vor u: agu 1442, 2620, 2859 etc., sk = ks: § 99. sk blieb im Franz. in evesque 63, 59, 73 etc., vesqui 28. Da der Laut k mit dem des qu (= q) susammenfiel, wird öfters q für k geschrieben: beim ersten Cop. immer quens quidier u. seine Formen, mesqerrez (v. cro-ire)5157, escheq 4163, 6154, clerq 6189, esquier 1467 etc., quer 650, 759, 778, 1449, 1462, 1696, 2938, 3689 etc., requlerent 3357, chas-quns 1821, qeurent 1722 etc irasqu 1449 (irascu 4459, 4625) — qu für c: oquison 3185, quernu 4378, queus 5821. Es ist daher zweifel-haft, ob requeillis 5200 = recueillis, oder = rekeillis ist, (vgl. avec und veve: § 40). Trotz des häufigen q = c schreibt der Copist doch immer car. — Der zweite Copist schreibt wegen des folgenden e: qu in aqueullent 8351, aqueulli 7313, 7579, 8169. 8450, esvesques 6835, sonst immer c, wo der ursprüngliche k-Laut bleibt. Für lat. qu finden wir beim ersten Cop. selten qu geschrieben, öfter q, zuweilen c: ce (= que) 1204, c' (= que rel. u. conj.) 582, 1763, 1891, 1926, 3324, 3496, 6125 etc. Der zweite Cop. schreibt ziemlich regelmässig qu, garnicht einfaches q, aber häufig c: 7105, 7203, 7407, 7486, 7566, 8019, 8252, 8342, 8714.

104. k im Auslaut löst sich auf oder fällt ab: fai, poi (pau-cum) leu, feu, di, (dic). — Wo es geschrieben wird, scheint es nicht verstummt zu sein: avec, illuec, flanc 3782, blanc 4076, (aber hauber 2728, 3706). Vor s fällt es aus: flans 4077, esches 657, 1583, haubers 607, 2497, 2754, 3099, blans 2497, 2754 etc.

G.

a 105. Beim G. zeigt der erste Copist ein ganz picard. Verhalten, er schreibt für den palat. Laut vor a, o, u fast immer g:
forgugier 926, gavelos 2379, gogleor 4144, gambe 4673, 5249,
borgois 1413, 1463, 1439, 3528, 3857, 3907, fast immer goie
517, 1127, 2067, 2114, 2657, 2987, 3004, 3211, 3218, 3317,
3325, 3409 etc., goï 92, 528, 3459; 2391, 3112, 3499, 4068,
goue 1585, segornent 5547, Angou 863, changast 4327, mengast
1922, rengast 3269, damaigant 2692, chalengant 516, 918, ser-
gant 1066, 1776, 1920, 3536, 4067 etc., vengance 1754. 3141,
(venjance 1788); ferner für den gutturalen Laut g einfaches g vor
e: longement 986, 3114, 3209, 5124, (longe(s) 1191, 3630,
5999, (longuement 518, 643. 972, longues 5054). — Doch wir
finden neben diesem g auch j geschrieben, (allerdings seltener):
ausser d. oben erwähnten venjance auch joie 541, joue 657. joe
3749, 3757, (joé), jougler 6087 u. jougleres 2443. immer jovenes
(jovene) 125, 1448, 2515, 2689 etc., juïs 5203. 5342, juise 5322.
joste 4418, joier, (jocare) 5625, 5644 etc.; dann schreibt er gu
regelmässig in guenchir n. guerpir, sowie deren Nebenformen.
Wenn nun auch in der Schreibung dieses guttur. g (= frz. j.)
in picard. Texten grosse Unsicherheit herrscht, (vgl. Dial. des
Ponthieu: Bibl. de l'Éc. des Ch. B 37, s. 15 jour, s. 16 jou,
s. 25 jugeurs, s. 26 jorneus etc.; Suchier, Aucassin et Nicol.
No. 12), so werden wir unserem Cop. dennoch die picard. Aussprache g (st. d. frz. j) absprechen müssen, da seiner Mundart
die Erhaltung des lat. k-Lautes vor a, o, u nicht eigen war, (§ 103).
Ausserdem finden wir g st. j (vor a, o) in Denkmälern geschrieben,
in deren Mundart jener Laut = j (dem ital. palat. g) war, z. B. in
Urkunden aus der Ile-de-France: Archiv B 65, s. 81, aus Deschamps und Cuvelier (beide im 14. Jahrh. lebend): Jahrb. VIII
s. 38; im Guerre de Metz s. 475, Glossar unter g: borgoy, chain-
gour; in Bibl. de l'Éc. des Ch. B 29, s. 427. Der zweite Cop.
schreibt vor a, o, u immer j. Auslautendes g wird zu c: sanc
1144, 1730 etc., borc 1005, 1195 etc., lonc 3779, 5302; wenn
g am Ende bestehn blieb, wurde es mit n zum nasalen Guttural:
loing, poing. Dieses g wie das vorige c fallen vor flexivischem
s: sans 2246, 4548, 4739 etc., lons 625. (im Reime auf ons),
ferner poins 4458, 4720; der zweite Cop. einmal poings 7299

g vocalisirte sich zu u vor m : piument (pigmentum) 571, 574, 1601, 1607, sonmier (sagma, sauma + arium) 1235, 6926, 8084. Zwischen Vocalen fiel er aus: Droon (pr. Draugon) 787, Huon 785, (Ugon 3281, 3305).

Labiales: P, B, F, V, W.

a 106. ps wird anlautend zu s: sautier 1506; p vor Consonanten vokalisirte sich: bautiser 1942. Der zweite Cop. schreibt aber immer baptisier 6613, 7615, 7768, 8052, 8064, 8065, 8113 etc. B wird wie gemeinfrz. behandelt, ebenso F.

107. Von V ist zu erwähnen, dass der erste Copist es gern in den Futur- und Conditionalformen von avoir auslässt und arai, aras, ara etc. schreibt. Unter 86 Fällen fand ich 57 ohne v. Beim zweiten Cop. fand ich diese Formen nur 2mal: 6737, 8429. — Der erste Cop. giebt vu zuweilen durch ein deutsches w wieder: widierent 780 (vuidier 1185) u. Wedon 1972 (Vuedon 3345).— Auslautendes v = f verstummte beim ersten Verf., daher auch ausgelassen: Ponti 525, 996, 2184, 2301, 3525. Wenn wir im Reim auf i 1628: vif, und 2241 estrif finden, so ist wohl anzunehmen, dass das f in diesen Worten nicht vom Verfasser, sondern von einem Copisten herrührt. Dieser Copist wiederum muss ein anderer, viell. der Vorgänger von dem gewesen sein, welcher uns das Gedicht bis v. 6250 überlieferte, denn der letztere schreibt Pontiu 2737, 3729. Hiermit stimmt auch gut überein die consequente Schreibung: fix od. fius (aber nie fieus od. gentieus: vgl. Dis dou vrai Aniel s. XXV und Auc. et Nicol. No. 30). Der zweite Copist schrieb if: Pontif 6324, 6462, 6479, 6491, 6527, 6760 etc. postif 7328.

208. Das deutsche w ist ohne Ausnahme zu g (gu) geworden: Gautier (Waltharins) gues 1394, 1954, 4043, — guere 98, 102 etc. guerpir, guise (wisa) guiant (wenn es, wie Diez annimmt, von wîtan kommt) 2406, guenchir (wenkjan) 2538, 3007, 3447 etc. Deutsches w ist erhalten in wiches (guichets) 8589. — Auch. lat. v ergab g: gaster 1824, 7655, goupiller 5430.

H

109. H fällt bald fort, bald steht es, um einen Hiatus zu verhindern. l'auberc 1801, 2960 etc. aber li hauberc 2813, 5050,

le hauberc 6640, l'anste 2510, 2977, 3472, 3891, la hanste
2910, 2957, 3336, 3969, 4208, 4628, 4647, II 6637, 7755, de
Ham 5883, de Hantonne 785, la hainche 7787, de hiaume 7754
(d'yaume 7753). — Bei con Henries 7624, 8294 muss h aspï-
riert worden sein, da con beim zweiten Cop. nur vor Conson. auf
n anslautet. —

B. Metrische Erscheinungen.

Hierher rechne ich alle Erscheinungen, welche bei der Bil-
dung der Verse von Einfluss gewesen sind :

1. Hiatus, Elision. — Das Versmass des Gedichtes (10silbig mit der Caesur nach der betonten 4.) und die von Tobler (i.
afrz. Versbau) aufgestellten Regeln in Bezug auf Hiatus u. Elision
werden überall streng gewahrt; im 2. Teil jedoch bieten einige
Verse die erforderliche Silbenzahl nur durch Nichtelision des stummen
e (s. Ausg. s. LXXIV) z. B. v. 6564, 6839, 7302, 7303 etc.
Auch die von Tobler (Versbau s. 48, aber nur in sehr späten
Denkmälern vorkommende) nur zweimal belegte Ausnahme: das i
von qui (rel. u. frag. Pron.) vor einem Vocal zu elidieren, findet
sich vereinzelt in unserem Gedicht: q'est 1546, 3301, q'en 3862;
qu'asses 7203 ; — In de il 7186, Nichtelision des e von de, weil
auf il der Ton ruht.

2. Zweisilbig werden gebraucht die bekannten : jovenes 125,
2515, 2689, 2012 (jone 385) und virgene 1182, 1769, 3491 etc.
ferner verais 2595, 2831, 3904, neben vrais 5014; — diable
ist dreisilbig gebraucht: 2997, 3979, 5401, ebenso Loëys ; 602,
747, 821, 844, 880 etc.

3. Inlautendes e vor einem Vocal ist fast durchgängig erhalten: vëu 622, 2624, 2626, 3882, 3990, 4639, 4838 etc. II
5807, 5938, 6128 etc. aconsëu 5020, asëur 708, asëures 1559,
benëi 2238, immer ëu, pëus (2 p.) 3560, pëust 1603, pëuses 664,
pëussiez 406, 1168 etc. mëu 2627, 4386, mëue 1206, plëu 2774,
dëust 2568, 3586 etc. dëuses 5227, dëusent 1257, fëu 1964, chëu
3317, 4733, 4743, chëue 4197, pecheor 1574, venëor 1714, etc.
Im 2. Teil ebenso : gëumes 6188, sëusse 8033, pëust 7971, as-
sëures 6636, 6644, vëut 6668, ëussent 6663, dëussies 8601,
8603, pëussiens 7456, 7678; im ganzen Gedicht veoir u. veïr:
§ 31, ebenso meïsme (1 mal meesme). Auch andere Vokale als

e sind vortonig erhalten: aaige 4324, praaige 4396, penaant 693, gaaing 4033, 7923; 4721, 5678, maaille 1068, maailliere 1330, 1338, graaillier 3542, 1855, 2019, 2120, roognier 1416, 3043 (reognier 2922, 4265) etc. — Beim ersten Verf. arestëu 1954, neben arestu 1950, beim zweiten eslecier 7557 (st. esleecier), amentu 6424 maille 8650, 8673. — Ferner beim ersten ves [1]) (st. veés): 716, (veiz) 1777, 3042, 3250, 4372; beim zweiten nur 5824; daneben auch oft vees: 3963; 5699, 6478, 6808, 6954 etc. — neïs 5049 ist zusammengezogen in nes 800, 926, 1022, 1768, 3867 etc. u. in nis [2]) 7872. —

4. Beide Verfasser bedienten sich der endungsbetonten Participia der debui- u. cognovi-Klasse: connëu 3311, II 7489 recrëu 2778, 4470, 4645 etc. Doch dem ersten Verfasser schienen auch die stammbetonten bekannt gewesen zu sein: reciut 931, cf. zs. II, 267 ff. —

5. Die Adjectiva der 3. Decl. haben für Masc. und Fem. nur eine Endung. G. Paris (Vie de St. Alexis s. 115) nennt als Ausnahme die Adj. auf -ent, -ois und commun, diese nehmen schon im Alexiusliede im Fem. e an. Beispiele für die Adj. einer Endung sehr zahlreich: la jantil dame 30, 38, 160 etc. gentilment 93, gentix dame 133; — sa grant terre 306 etc., une grant piesce 520, 538 etc. II, gentils pucele 5716 etc., gentils feme 5732 etc., grant 5592, grans 5755, 5963 etc., tex 1186, 1210, 2041, 2455, 3005 etc., quex 5458, II, tex 5738, itel gent 5858 etc. Als Ausnahme fand ich nur grande 4294; 6629; — bei

---

[1]) ves (= ‚veés) wird von Hossner (Zur Gesch. d. unbet. Vokale im Altfrz. u. Neufrz. Freiburg 1886, s. 16) als eine besondere von vide + ecce kommende Form erklärt. Doch scheint mir auch hier Contraction vorzuliegen. Wenn ves auch in solchen Denkmälern vorkommt, die sonst keine contrahierten Formen kenneu (Cliges), so hat der häufige Gebrauch des vees wohl früh u. überall ein ves daraus entstehen lassen.

[2]) Cf. Rom. Forsch. II, s. 335, ♂, u. anm., wo Pohl behauptet, nis stamme nicht von neïs. Hier scheint es mir sogar wahrscheinlich, dass nis (ebenso misme) und nes (mesme) aus neïs (meïsme) hervorgegangen sind, je nachdem das e od. i von neïs (u. meïsme) stärker betont wurde. Dies wird noch wahrscheinltcher dadurch, dass die zusammengezogen Formen neis (und meisme aus meïsme) vorkommen. Ausserdem weist M. Hossner (a. a. O. s. 17 ff. 18) derartig contrahierte Formen für das Pik.-Artes.-Wallonische und Lothr.-Burgundische schon in der ersten Hälfte des 12. Jahrh. nach.

tele herbe u. quelle est wird das betr. e elidiert (7224, 7229).
Hier sei auch noch erwähnt, dass bei beiden Verf. die abgekürzten
Formen nos (no) und vos (vo) für nostre u. vostre vorkommen:
§ 44: 4813; 1103, 1104, 1231, 1354, 1356, 1779, 1899 etc.,
II 6149, 6920 etc.; 5690, 5693, 6305, 6318. 6394 etc.

6. Die Endungen der 1. u. 2. pers. plur. Imperf. od Condit.:
iens u. ies sind bei beiden Verf. gewöhnlich einsilbig: se-iés 3670,
resambliés 3671, monteriés 2301, ariés 3986, ferriés 1711, aviés
3289; 3672 würde man durch Ergänzung von vos auch aviês
erhalten; ebenso in v. 1020 deviês. — Beim zweiten Verf. finden
wir: aideriens 7679, seriens 6391, ariés 5801, voliés 6530, 7677,
conbatiés 6922, iriés 6924, seriés 6925, avriés 6958 : einsilbig.
Durch Ergänzung von vous würden wir auch erhalten: avi(i)es
7475, esti(i)es 7706; ebenso bei estiiens 6386, 6390, nous zu
ergänzen, wie es schon einen Vers weiter bei seriens (6391) steht.
Wollten wir aber dieses vous u. nous fortlassen und sogar die
Verse, wo es steht, anzweifeln, so würden noch immer die vv:
7677, 6924, 6925, 6958, dem zweiten Verf. das einsilbige ies
sichern. Doch scheint dieser Verf. auch wirklich iies gekannt zu
haben; v. 6923: et vous si l'ociiez: cf. zs. II, s. 281.

7. Die Endung iée wird ie, z. B. commencie 1898, percie
1901; im Versinnern: percie 4159, joinchie 2984, enpoignie 3643,
forgie 488. II, trecie 5570, baisie 5577, 6874, 8195, rengie
6150, joinchie 8185, percie 8634; im Versinnern: baisie 5764,
(8341 ist zweifelhaft). Wenn nun die Beispiele etwas zahlreicher
sind, als die Herausgeber geglaubt haben, (s. LXVIII u. s. LXXV),
(denn auch die durch das Versmass gesicherten Beispiele müssen
herangezogen werden), so ist ihre Zahl noch immer gering genug.
Für iée habe ich kein Beispiel gefunden, was entschieden dafür
spricht, dass beiden Verfassern ie = iee eigen war. Beim zweiten
fand ich dann noch lie 5590, liement 6844; (aber noch chieent
1485; II 5965).

8. Eine Eigentümlichkeit des NO und O ist, zwischen d
(t) s, v u. r ein e einzuschieben; sie findet sich auch in unserem
Denkmal in mehreren Beispielen: 1) zw. v-r: averai 2656, 3625,
averas 5410, avera 5380, 4270, averons 881. 2) zw. Dent. u.
r: perderas 1377, aprenderoie 3984, venderunt 3375, 2. Teil:
penderai 7409, isteront 6519. 3) zw. s-r: esserai 4220, 4707,

essera 2463, 3220, 4018, escera 1077. 3897, 4263, esseront
1235.

9. Dem Vorigen entgegengesetzt ist die Auslassung des e im
Futur und Condit. von mener und doner, wie wir sie bei beiden
Verfassern und Copisten consequent ausgeführt finden: cf. § 91.
Dasselbe geschah in comparrés 5082 und comperrois: § 20 etc.

C. Flexivische Erscheinungen.

Dieselben sollen hier nur ganz kurz und soweit sie für die
Dialektbestimmung des Gedichtes von Wert sind, erwähnt werden:

1. Artikel.

Seine weibliche Form ist zuweilen li, aber nur vor einem
Vocal oder h: 490, 5559, 5586, II 6411, 7229, del: dou:
A 26 a.

2. Substantiv.

Die Copisten schreiben die Subst. auf -re oft mit s im Nom.
Sg. (Ausg. s. LXXXIII) z. B. freres 60, 2032 etc., peres 992,
2222 etc., empereres 40, 468, 471, 681, 893, 2107, 4787, 4795,
4879, 4865 etc., 6525 etc., lechieres 662, 2223, 4904 etc.,
(ebenso nostres 2377, 5305, 7606 etc., a(u)tres 4919 etc.) Doch
keins der Beispiele sichert dieses Nom. s auch schon den Verfassern. Als ein Rest des lat. Neutrums im Plur. ist zu erwähnen:
brace fiere 5060.

3. Adjectiv: cf. B 5.

4. Pronomen.

Das Pron. conj. der dritten Pers. heisst einmal im Acc. lo
5094; der dat. masc. betont beim zweiten Verf. li: cf. A 77,
gewöhnlich steht diese Form nach Praepositionen; 6188, 8290,
auch allein. 7186 fand ich de il meïsmes, also il = lui. Ähnliches constatierte Nat. de Wailly in den Urkunden Joinville's:
Bib. de l'Éc. des Ch. 6. série, t IV, s. 442. — Je finden wir
ebenso verwendet: 6093 et je mon mul (zu ergänzen li donrai);
6188 u. 8290: moi et li: ich u. er. Die betonte obl. Form der
ersten pers. bei beiden Verf. mi, ebenso ti u. si (neben moi, toi,
soi) für die zweite u. dritte pers.: A 31. —

Demonstrat. Pron.:

celi beim zweiten Verf. (st. celui), cf. § 77. Wir finden auch

4

schon ce liu 1351, cet païs (wo t stumm war, vgl. § 96) 6058.

Interrog. Pron.

Der zweite Copist kannte schon die weibliche Form quelle 7229 : cf. B 5.

5. Verbum.

Der zweite Cop. schreibt in der ersten pers. sg. 'oft ein s: cf. § 102 : vois (video) dis (dico) fuis etc.; — der erste thut es nie, immer sui, fui, fai (tac) 2296 etc. — Sons (= sumus) 887, sonst sonmes od. somes 897. Die Endung der ersten pers. plur. ons, on; auch omes (cf. A 13) u. iens (cf. A 10, B 6), aber nie iemes. Dann fand ich Formen wie mandissiés 1021, alissiés 2362, 5966, getissiés 2413, 6931, trovissiés 5967, ensaingnissiés 7572, amenissiés 6912, (vgl. Diez II, 234). — Gemischte Formen sind: norresimes 1874, guerpesiz 1876, 3590, garesissent 6177, vossissiez 4731, vausissiés 7707. Bemerkenswert sind auch die Impf-Formen von pooir: poïs 1115, Conj. poïst 4952, 5210, 5488. Diese sollen nach Suchier (zs. II, s. 270) nur dem N u. O der oïl-Sprache angehören. Doch muss die Champagne dazu gerechnet werden : cf. Cliges s. LVII. — Gerundia : valisant 1911, 1452, 2489, sogar vaillisant 1882, 5379, (Diez II, 240).

II. Resultat der Untersuchungen

Wir wollen nun versuchen mit Hilfe der bisherigen Untersuchungen die Dialectgebiete der Verfasser u. Copisten zu bestimmen; und zwar soll dies so geschehn, dass zuerst die Sprache der Verfasser durch Vergleichung der Sprachen beider bestimmt wird, unb dann die Sprache der Copisten in derselben Weise. Der Grund für diese Anordnung ist der, dass bei beiden Verfassern die sprachlichen Eigentümlichkeiten gleich spärlich sind u. obenein zu nahe verwandten Dialecten gehören. Es sei hier gleich bemerkt, dass das Normann. von vornherein auszuschliessen ist, weil im ganzen Denkmal die Impf-Endung des Ind. in der ersten pers. oie heisst, (2070 im Reim avoie). — Um die Übersicht zu erleichtern, will ich noch die im Folgenden benutzten Abhandlungen, resp. Ausgaben zusammenstellen :

Metzke : Der Dialect von Ile-de-France im 13. und 14. Jahrh. Breslau diss. 1880, ders. d. Fortsetzung in Archiv, B 65, s. 57.

W. Foerster: Cliges p. Chrétien de Troyes, Halle 1884.

Nat. de Wailly: Mémoire sur la langue de Joinville in Bibl.
de l'Éc. des Chartes, 6. série t. IV, s. 329 ff.

Chartes franç. du Vermandois de 1218—1250: Bibl. de l'Éc.
• des Chartes B 35, s. 437 ff.

Tobler: Dis dou Vrai Aniel, Leipz. 1871.

G. Raynaud: Étude sur le dialect picard dans le Ponthieu nach
den Urkunden des 13. u. 14. Jahrh. in Bibl. de l'Éc. des
Ch. t. 37, s. 5 ff.

Van Hamel: Li Romans de Carité et Miserere du Renclus de
Moliens, Paris 1885.

W. Foerster: Li Dialoge Gregoire lo pape, Halle (Paris) 1876.

K. Jenrich: Die Mundart des Münch Brut, Halle, diss. 1881.

E. Bouteiller: La Guerre de Metz en 1324, Paris 1875.

Suchier: Die Mundart des Leodegarliedes, Zeitschrift (zs.) f. rom.
Phil. II, 255.

Nat. de Wailly: Observations sur la langue de Rheims en XIII.
s. in Mém. de l' Acad. des Inscrip. XXVIII, II, p. 297.

Ders. Observ. sur les actes des amans de Metz, Mém. de l'Ac.
des Inscript. XXX, I, 303.

J. Zemlin: Der Nachlaut i in den Nord- u. Ostfranzösischen
Denkmälern, Halle, diss. 1881.

Knauer: Beiträge zur Kenntniss der franz. Sprache des XIV.
Jahrh., Jahrbuch VIII, s. 14—44 und 388—408.

Jean Palsgrave und seine Ausspr. des Frz. v. Fr. Lütgenau,
Bonn 1880.

Max Hossner: Zur Geschichte d. unbetonten Vokale im Altfrz. und Neufrz., diss. Freiberg 1886.

A. Die Sprache der Verfasser.

a. Ihre Sprache gleicht sich in folgenden Punkten:

1) betontes offenes a wird zu e (I A § 1—7).

2) die Vermischung von an und en (beim ersten Verf. nicht
ganz sicher), I A 21.

3) kurzes offenes lat. e == ie (I A 23), in geschlossener Silbe
= e: I A 24, 25, 26, 28.

4) ę in offener Silbe = oi, reimt mit oi (== ǫ + i u. == ǫ + i):
I A 31.

5) Die Futurendung ois neben es: I A 31.

6) neben moi, toi, soi auch mi, ti. ti, veoir, tenoir, seoir, seoie u. veïr, tenir, seïr, sïe: I A 31, ebenso pri, otri neben proi, otroi: I A 31, 63,

7) hom(i)nem = hom, hon, on, Nom. hons. I A 41. •

8) S.-arium = ier: I A 58.

9) a + l + i = al̃: I A 60.

10) ę + i = i (J): I A 62, 63.

11) ę + G + t = oit: I A 66.

12) l (l̃) vor s fällt aus nach e u. i: I A 80.

13) t + s = s (beim ersten nicht ganz sicher): I A 97.

14) v von ivus verstummte beim ersten Verf., beim zweiten nicht ganz sicher, ob Pontis od. Pontif: I A 107.

15) Inlautendes e vor Vocalen blieb bestehn: I B 3.

16) iens u. iés (Endg. des Impf. u. Condit.) sind einsilbig: I B 6; der erste Verf. auch ions: v. 3949.

17) iée = ie: I B 7.

18) 1. p. plur. omes neb. gew. ons (on) I A 13.

19) in d. Futurendungen der Verba 3. Conjug. zuweilen e ein geschoben: I B 8.

20) donrai und menrai etc.: I B 9.

21) Der Vortonige im Hiatus befindliche Vokal ist erhalten: I B 3.

Es soll nun hiernach das beiden Verfassern gemeinsame Sprachgebiet bestimmt werden: No. 17 schliesst die Ile-de-France u. d. Champagne aus (vgl. Metzke, Archiv 65, s. 70 f. u. Cliges s. LXIII), ebenso No. 16 (zs. II, s. 281). Durch 2, 12, 14 wird das Picard. Wallonische ausgeschlossen, (Bibl. de l'Éc. B 37, s. 33 f. Vrai Aniel s. XXV, M. Brut a.a. O. s. 11 u. 30, zs. II, 297 u. 98. Mis. du Renclus: str. XXVII lentiu: antiu, ebenso in str. 90, 187). No. 10 schliesst das Lütticher Gebiet (Dial. Greg.: ę + i = ei) u. Lothringen (Metz) (Serm. de S. Bern.) aus. Doch M. Brut (Namur: Jenrich a. a. O.) hat ę + i = i. Nach den bisherigen Ausführungen konnten die Verf. keiner Provinz sicher zugewiesen werden; es bleibt uns also nur noch zu untersuchen, welcher od. welchen Dialectprovinzen ihre Sprache sich am meisten nähert. No. 6 u. 13 sagen uns schon, dass wir die Heimat der Verf. in einer Gegend zu suchen haben, welche das Gebiet der moi, toi, soi etc. (Ile-de-Frz. Champagne) mit dem der mi, ti, si (Picardie, Lothringen) u. des $t + s = s$ (Picardie) verbindet. No. 21 endlich bezeugt uns, dass beide Verfasser an der Grenze der Ile-de-France od. der Champagne gelebt haben müssen, da in diesen Ländern bis ins 13. u. 14. Jahrh. hinein fast kein Fall der Contraction nachgewiesen ist, (cf. M. Hossner, a. a. O. p. 22, 23). Die beiden Verf. gemeinsame Heimat würde sich demnach südlich von Namur (M. Brut u. Dial. Greg. haben immer moi, toi, toi) zu beiden Seiten der Maas (in einem nach der Picardie zu breiteren Streifen (mi, ti, si u. $t + s = s$) bis in die Nähe von Rheims erstrecken. Vielleicht ermöglichen uns nun b. die abweichenden, resp. nur bei dem einen vorhandenen Punkte eine genauere Fixirung des Dialects.

Erster Verf.	Zweiter Verf.
1) für a öfter ai (jai, lai etc.: I A 18.	1) garnicht vorhanden.
2) nicht vorhanden.	2) Dé assoñiert mit e, ebenso tes, ostes: I A 9 u. 80.
3) nicht vorhanden.	3) lui zu li, celui zu celi geworden: I A 77.
4) fu (focum): I A 42.	4) nicht vorhanden.
5) die ai-Tir. enthalten nur Worte mit ai: I a 57.	5) ai $=$ e: I A a 57.
6) nicht vorhanden.	6) essoine, broigne, besoingne assonieren mit o: I A 74.
7) Part. P. reciut: I B 4.	7) nicht vorhanden.

Erster Verf.

No. 1 nötigt uns von dem oben bezeichneten Landstriche die Ostseite als die wahrscheinliche Heimat des Dichters anzuzunehmen, denn lai, jai etc. waren hauptsächlich in Lothringen, Serm. de St. B. s. 523) in Joinville u. Franche Comté bekannt: Zemlin a. a O. s. 15 unten. — Wenn ferner die Participialform reciut (No. 7) dem Verfasser angehört, so würde seine Heimat nach der Bestimmung des diu-Gebietes durch Suchier (zs. II s. 280) nördlich von den Städten Rheims u. Metz liegen. Vereinigen wir dieses Resultat mit dem vorhergehenden, so wäre die Heimat des ersten Verf. in der Nähe der Städte Mézières u. Sedan zu suchen. Beim zweiten Verf. ist eine genauere Fixirung des Dialect-

gebietes schwieriger. No. 3 kann nach den Ausführungen in I A
77 kaum in Betracht kommen; No. 5 (ai = ę) giebt uns vielleicht einen Fingerzeig, da ai = ę am frühesten u. ausgedehntesten
in Ile-de-France u. Champagne vorkam, (vgl. I A a 57, Archiv
B 65, s. 57 ff. bei Chrestien de Troies: Chev. au lyon, Cligés
etc.; Beza: De Franciae linguae recta pronuntiatione Genevae 1584,
(ed. v. Tobler, Berlin 1868) s. 47 tadelt die Ausspache des Pariser Volks, es spreche fesons, cf. B b, zweiter Cop. No. 6 u. 12),
während der Norden und NO. lange noch ai sprach: (Beza und
Palsgrave (aus d. 16. Jahrh.) bezeugen noch für ihre Zeit die
Aussprache ai (cf. I A 16), bei Beza sogar aï, ein deutlicher
Doppellaut. — Für eine Annäherung an die Champagne spricht
auch No. 2, (vgl. Cliges s. LXVIII u. d. Sprache Joinv's: a. a.
O. s. 393). Die Heimat des zweiten Verf. dürfte demnach zwischen
Laon u. Mézières liegen, (vgl. hierzu die Ausführungen unter
II A a zu No. 6).

B. Die Sprache der Copisten und ihre Heimat.

a. Beide Cop. stimmen überein in:

1) a vor l wird zu e (I A 9).

2) a + n = ain, i + an = ien, d. 2. iien I A 14.

3) a vor s u. Palat.: ai, doch Schwanken hierin (I A 15,
   16, 59).

4) -abulam, -abilem = -able (I A 17).

5) Vortonig a vor r zu ai od. e (I A 20).

6) e (= ę u. ę) vor n, ng, ñ = ain (I A 23a 33, 36a).

7) ę in offener Silbe = ie: I A 23, in geschlossener = ę
   (I A 24).

8 ell + Cons. = iaus (I A 26).

9) ę in offener Silbe = oi, immer moi, toi, soi, (d. erste einmal mi u. einige Male veïr): I A 31, ebenso ois neben es
   in der zweiten p. plur. des Futur (u. Conj.)

10) für ue = ǫ zuweilen u: I A 40, 71.

11) ǫ + n = on: I A 41.

12) (ǫ + u = ou, o, eu: I A 42).

13) nos u. vos f. nostre vostre: I B 5.

14) orem = or (seltener our): I A 46.

15) osus = ous (eus): I A 46.

16) daneben auch eure, deus, seul etc. : I A 46.

17) o + Palat. = oi (beim zweiten selten) I A 44 u. 48.

18) o vor Nas. : ou od. u (beim zweiten selten) I A 49.

19) mon, ton, son, (beim ersten je ein mal men u. ten): I A 47.

20) a + n + i (e) = aigne: }
 beim ersten Cop. auch agne } I A 59.

21) a + l + i = aille, vort. b. ersten Cop. auch ill: I A 60.

22) ationem u. a(n)sionem = aison, vort. oison u. ison (d. zweite nur ison) I A 61.

23) ę + i = i; vort..i u. oi: I A 62.

24) e + G + t = oit, vort. zuw. o: I A 66.

25) i + G + l (od. i + l + i) = eille, vort. ill: I A 68.

26) o + i = ui; vort. auch ui: I A 70.

27) au + i = oi (immer poi = paucum) I A 73.

28) o + i = ui.

29) o + Gutt. + Cons. = oi: I A 75.

30) a + l Cons. = au: I A 79.

31) Kein d zw. nr u. t zw. sr. }
 venredi etc und misent. } I A 90, 101.

32) t + s (beim ersten zweifelhaft), beim zweiten sicher = s I A 97.

33) v in d. Futur- u. Conditionalformen von avoir fällt aus (beim zweiten seltener) I A 107.

34) lat. c vor a, o zu ch: I A 103; deut. w = g: A 108.

Das beiden Cop. gemeinsame Gebiet:

No. 11 (o + n = on) schliesst die Ile-de-France u. mittlere Champagne aus, vaing u. taing. v. No. 6, 4 u. 34 die Picardie (G. Raynaud a. a. O. s. 344, 327 u. Vrai Aniel s. XXXI, doch M. Brut u. Dial. Greg. haben able). Die Urkunden des Vermandois a. a. O. s. 441 ff: k = k etc. Es bleiben uns nur noch die obere Champagne, der Osten u. Nordosten. No. 23, 25, 26 u. 30 aber verringern dieses Gebiet noch um Lothringen, (Senn. de S. B.: ę + i = ei, o + i = oi, el = oil u. al Cons. = a Cons.) u. das Lütticher Gebiet (Dial. Greg.) Der südliche Teil des Wallon. Gebiets (Namur: M. Brut a. a. O.) hat ę + i = i, o + i = ui und al Cons. = au. Es bleibt uns somit nur noch ein schmaler die Pikardie, Lothringen, Namur u.

Champagne verbindender Landstrich. Die Plaids de l'Échevinage de Rheims (a, a. O.) nötigen uns wegen des dort überwiegenden leur und des eur (= orem) auch Rheims von dem zuletzt gefundenen gemeinsamen Gebiet auszuschliessen: vgl. No. 14—15. Die Südgrenze der gemeinsamen Heimat beider Copisten wäre dann nördlich von Rheims, die Nordgrenze Namur, an den Seiten von Lothringen und der Pikardie begrenzt. Hiermit stimmen alle übrigen Punkte überein; so No. 13 (nos u. vos für nostre, vostre), No. 25 (vort. el = il) dem Wallon. und besonders NO. eigen: vgl. Guerre de Metz s. 439; No. 31 (zs. II, 297) und 32 (t + s = s: Cambrai und Valenciennes zeigen entschieden s: Jenrich a. a. O. s. 30); No. 20 (a + n + i = aigne) auch in der Ile-de-France üblich, (Eust. Deschamps, Gaut de Coincy, Fr. Villon etc. haben es, cf. Metzke, Archiv 65, s. 61); ebenso No. 8 (ell Cons = iau), Archiv a. a. O. s. 77.

b. Die Cop. weichen von einander ab in:

Erster Cop.	Zweiter Cop.
1) e (= lat. a) in ei übergegangen, ebenso ę in geschl. Silbe: I A 1, 7, 24.	1) nicht vorhanden.
2) sehr häufig a statt ai: I A 19, 57a, 59.	2) sehr selten.
3) a + u = o, auch ou (eu) I A 13.	3) oft au geschr. I A 13.
4) nicht vorhanden.	4) ai für a vor n + c, g I A 21a, 36a.
5) an wird von en geschieden I A 21, 27, 36.	5) an u. en werden vermischt.
6) e vor ng, ñ = ain (= en) I A 23a, 27a, 36a.	6) auch noch vor c, g u. dann immer ain geschr. I A 36a.
7) ill + Cons. = ous (oft auch aus), el (in ellum) = el, ebenso del I A 26.	7) immer iaus, zuweilen ou und dou.
8) Vort. e vor ein. Palat. zu i nur in chivalier I A 20.	8) immer zu i: I A 30.
9) fu (focum) (2 mal feu) giu, liu I A 42.	9) immer eu.

10) o + l Cons. = ou. I A 42.

11) oft o vor Nas. = ou (10 Beisp.) oder u (15 Beisp.)

12) ai vor n̄ = ẹ I A 59.

13) mire (medicum) IA 62.

14) el̄ + Cons. = ous und aus I A 68.

15) nach e, i wird ged. l, ī vocalisiert I A 80.

16) nicht vorhanden.

17) etymol. t findet sich ganz vereinzelt : ent, reciut I A 96.

18) t + s = z od. s I A 97.

19) oft g (st j) vor a, o, u I A a 105.

20) Auslaut. v vocalisirt lA 107.

21) reciut, giurent I A 39.

22) poïs, poïst I C 5.

10) = au (o).

11) selten: ou 1 mal, u 2 mal.

12) = ai.

13) = mie.

14) = aus.

15) bald vocal., bald ausgelassen

16) iers, niers, Poitiers, fiers, sierge I A 87a.

17) sehr oft gesetzt.

18) = s.

19) immer j.

20) wird zu f.

21) nicht vorhanden.

22) nicht vorhanden.

Heimat des ersten Cop.

No. 1 (ẹ u. ẹ = ei) besonders im NO. u. O. üblich (Zemlin, a. a. O.; Actes des Amans de Metz a. a. O.) Ebenso No. 2 im NO, u. O. verbreitet (Namur: M. Brut, a. a. O. Lothr.: Actes des A. de Metz a. a. O. 303, Guerre de Metz, s. 438). Wir müssen also von dem beiden Cop. gemeinsamen Gebiet die nordöstl. Seite als mutmassliche Heimat des ersten annehmen. Auch No. 7 (ill Cons. = ous (aus) (u. 14) sprechen für eine Annäherung an Lothringen (Serm. de St. B. s. 522: ceos, ols etc. Guerre de Metz s. 444, etc.) No. 21 (reciut, giurent) warnt uns, zu weit nach Lothringen zu gehn : zs. II 280 u. No. 5 verlangt, das Gebiet des en nichtgleich an aufzusuchen: K. Jenrich (a. a. O. s. 30) constatiert in Chiny (Urkunde aus 1240, 4 Meilen nördlich von Stenay und 6 Meilen östlich von Mézières) u. in einer Urkunde aus Chimay (aus d. Jahr 1341, 5 Meilen nordwestl. v. Mézières) keinen Fall der Vermischung von en u. an. — Nehmen wir nun den zwischen Chimay u. Chiny liegenden, von Chiny aus aber sich etwas nordwärts ziehenden District als die Heimat des ersten Cop. an, so würden auch alle übrigen Erscheinungen, diese

Localisierung des Dialects des ersten Cop. bestätigen, oder wenigstens derselben nicht widersprechen: No. 20 (iu = ivum): vgl. II A a das zu No. 14 Gesagte. No. 9 (liu, fu, giu) findet sich oft in picard. u. wallon. Denkmälern; ebenso No. 11: o vor Nas. =. ou und u. — mi, veïr: I A 31 u. No. 17 weisen nach Lothringen (die Pikardie kann hier nicht mehr in Betracht kommen), oile I A 71 auch dem Wallon. eigen; dem letzteren aber entschieden sich zuneigend die regelmässige Wandlung des deutsch. w in g (M. Brut, s. 34, Dial. Greg). Wegen No. 16 vgl. I A 87; wegen No. 18: II B a das zu 32 Gesagte; zu No. 22 (poïs): I C 5, No. 19 (g vor a, o, u): I A a 105. — Die ortograph. Eigentümlichkeit, q statt k zu schreiben (I A 103), weist Knauer als fast regelmässig (vor u) bei Froissart (a. a. O. s. 39 unten) nach. Einige Notizen dazu auch in der Ausg. s. LXXXIII: In den Urkunden aus St. Quentin (a. a. O. 440 ff.): aus d. Jahr 1218 (s. 444—46) fast immer k für q, ebenso in der aus 1219; eine aus dem Jahr 1220 hat wieder qui u. que, ebenso die aus 1222; die aus dem Jahr 1226 dagegen regelmässig q für qu, ebenso aus 1228, 1231 u. 32. Die Urkunde aus 1234 hat wieder qu, die darauf folgende einfaches q, dann wieder eine mit k (für qu) etc. — Man sieht, dass eine grosse Regellosigkeit in der Schreibung des k-Lautes herrschte. Da Froissart ziemlich regelmässig q für lat. c (vor u) schrieb, so scheint diese Ortographie in Froissart's Heimat (in Valenciennes geboren) am gebräuchlichsten gewesen zu sein. — Ebenso belegt Knauer (a. a. O. s. 36 u. 37) aus meistens nördl. Denkmälern, die bei unserem Cop. üblichen Schreibweisen für das (stimmlose) s: I A 98.

Zweiter Copist.

Hin Hauptmoment in der Sprache dieses Copisten ist, dass sich nie ei für e (=. lat. a) findet. Dieses schon sagt uns, dass wir nur im südl. Teile des beiden Copisten gemeinsamen Gebietes die Heimat des zweiten Cop. zu suchen haben. Zemlin (a. a. O. s. 23 u. 28) wies das Nichtvorkommen von ei (= e; lat. a) für Cambrai u. Laon (nur aus einer Urkunde) nach. — Cambrai jedoch wird ausgeschlossen durch No. 19 (j), ausserdem geht dort ę in geschl. Silbe in ie über (Jenrich a. a. O. s. 26). Dass sich ferner in der Gegend von Laon ein neutrales (von ei freies, unter

d. Einfluss d. Ile-de-France stehendes) Gebiet befand, scheint auch
eine Urkunde aus Rethel (Dép. Ardennes) zu bestätigen. Dann
ist in Betracht zu ziehen, dass sich der Gebrauch dieses ei (Zemlin, a. a. O. s. 30) im 13. Jahrh. verringerte u. (ausser in Lothringen) ganz schwand. Da unser Copist einer ziemlich späten Zeit
(Ende d. 13. oder gar Anfang d. 14. Jahrh.) angehört, so steht
nichts im Wege, Laon od. besser das von Laon etwas nördlich
gelegene Gebiet (wegen No. 3, 10, 17) als seine Heimat anzunehmen. Bei Laon begegneten sich mehrere Dialecte: No. 3,
10 u. 17 zeigen einen starken Einfluss der Pikardie; ell (ill) +
Cons. = (i)aus war nach Metzke (Archiv 65, s. 77) auch der
Ile-de-France eigen. Einfluss von N. oder O. her zeigt das vortonige i für e (vor Pal.) (No. 8); wegen iers, etc. (No. 16) vgl.
I A 87a. Östlichem oder nördlich. Einfluss haben wir vielleicht
das rein auftretende (in d. Schrift nie mit e abwechselnde) ai zu-
zuschreiben: No. 6, 12, II A b, No. 5. Wenn (Lütgenau, a. a.
O. s. 8) aige im Wallon. heute wie ège gesprochen wird, muss
man wohl eine Zwischenstufe (aige gespr.) annehmen. Auch soll,
nach Tobler, in der Picardie der Diphtong ai noch heute deut-
lich ai gesprochen werden. — Ferner waren diemainche, maingier etc. in No. 5 besonders in Lothringen u. Joinvile gebräuch-
lich (Zemlin, a. a. O. s. 20 u. 30; Guerre de Metz s. 441.)
Zemlin belegt blainche aber auch in der Urkunde aus Laon (1248).
Demnach scheint mir das Gebiet nördlich von Laon als Heimat
des zweiten Cop. gesichert.

Wir ersehen nun aus diesem Abschnitt II, dass die Heimats-
gebiete des ersten Verf. u. Copisten nahe zusammenlagen, dass
des ersten Verfassers nämlich südlich von den Städten Mézières u.
Sedan ungefähr, das des ersten Cop. nördlich von jenen Städten;
ebenso fanden wir als mutmassliche Heimat des zweiten Verf. das
Gebiet zwischen Laon u. Mézières, als die Haimat des zweiten
Copisten das nördlich von Laon gelegene Gebiet.

Vita.

Ich, Richard Wilhelm Goerke, wurde geboren zu Gr. Bandtken b. Marienwerder am 16. December 1860. Bis zum 11. Jahr besuchte ich die Volksschule meines Heimatortes und wurde Ostern 1871 in die Vorschule der Höheren Bürgerschule zu Marienwerder aufgenommen. Mit dem Reifezeugnis für Prima von dieser Schule entlassen, besuchte ich dann noch die Prima des Real-Gymnasiums zu Thorn und bezog Ostern 1882 die Universität Berlin, um neuere Sprachen zu studieren. Seit Ostern 1885 bin ich in Kiel immatrikuliert. Hier bestand ich am 8. Januar 1887 das Examen rigorosum.

Ich besuchte die Vorlesungen der Herren Professoren und Privatdocenten: du Bois-Reymond, Dilthey, Foerster, Geiger, Glogau, Hoffory, Horstmann, Jessen, Krümmel, Paulsen, Scherer, Sarrazin, Sterroz, Stimming, Tobler, Vogt, Zeller, Zupitza. Ihnen Allen, insbesondere Herrn Prof. Stimming, spreche ich meinen wärmsten Dank aus für die freundliche Förderung meiner Studien.

Thesen.

---

1) Das altfrz. maufé ist nicht aus malum factum entstanden, wie Diez annimmt, sondern aus malum fatum.

2) Das Tierepos verdankt seine Entstehung nicht ener volkstümlichen Tiersage, sondern hat einen gelehrten Ursprung.

3) Die Grundbedeutung von regretter ist nicht: »beklagen«, sondern: »herbeisehnen, herbeirufen«.

4) Das frz. ôtage (afr. ostage) ist nicht wie Diez meint, auf obsidaticum, sondern auf hospitaticum zurückzuführen.

5) Im Raoul de Cambrai, v. 1895 (nach d. Ausgabe von P. Meyer) ist statt souplie souillie zu lesen.
